# 无限可能

## 马化腾

## TENCENT

张艳霞◎著

中国经济出版社
CHINA ECONOMIC PUBLISHING HOUSE
北 京

**图书在版编目（CIP）数据**

无限可能马化腾 / 张艳霞著．

北京：中国经济出版社，2020.6

ISBN 978-7-5136-5846-1

Ⅰ.①无… Ⅱ.①张… Ⅲ.①马化腾—生平事迹 ②网络公司—企业管理—经验—中国 Ⅳ.① K825.38 ② F279.244.4

**中国版本图书馆 CIP 数据核字（2019）第 187152 号**

责任编辑 闫明明

责任印制 马小宾

封面设计 久品轩工作室

**出版发行** 中国经济出版社

**印 刷 者** 北京艾普海德印刷有限公司

**经 销 者** 各地新华书店

**开　　本** 710mm × 1000mm 1/16

**印　　张** 14.75

**字　　数** 189 千字

**版　　次** 2020 年 6 月第 1 版

**印　　次** 2020 年 6 月第 1 次

**定　　价** 58.00 元

**广告经营许可证** 京西工商广字第 8179 号

**中国经济出版社** **网址** www. economyph. com **社址** 北京市东城区安定门外大街 58 号 **邮编** 100011

本版图书如存在印装质量问题，请与本社销售中心联系调换（联系电话：010-57512564）

推荐序

PREFACE

# 创腾讯，创未来

在中国互联网界，有很多传说，假如以时间去考较，很可能就得删去一大半，有的甚至已经湮没无闻。假如再拿到世界互联网范围内衡量，真正的传说恐怕屈指可数。而其中的企业和人物，一定会有腾讯，一定会有马化腾。尽管与马云、雷军、刘强东、周鸿祎等特征鲜明的企业家相比，马化腾始终是低调乃至神秘的，但这并不妨碍腾讯在他的带领下一路高歌猛进。

任何一个传说，往往都有一个勇敢的开始，马化腾也是如此。

1998 年，27 岁的马化腾离开效力五年的润迅公司时，外人从他的脸上几乎看不见任何“野心”的影子，更没有人会想到，这个看似普通的青年会在将来干出怎样一番伟大的事业。

在回顾创业生涯时，马化腾总喜欢用“天时地利人和”来形容腾讯这家互联网巨头的开端：“天时”是互联网行业的兴起，“地利”是处于深圳这个改革开放的窗口，“人和”是有着一个堪称强大的初始团队。

马化腾从来就不是一个强势高调的人，但却从不缺乏勇气和实干精神，在后来很长一段时间里，这位看上去沉静如水的管理者知道在什么时候应该做出改变，也从来没有停止过“自我变革”的决心和步伐。

在腾讯经历了中国互联网最初的混沌与无序、逐渐建立起不小的基业之后，马化腾并没有就此驻足不前，故步自封，而是带领腾讯主动“走出舒适区”：无论是选择进军游戏市场、电子商务，还是在2010年壮士断腕般地从封闭走向开放，抑或是杀入手游、在线支付、新零售等领域，越来越庞大的腾讯都经历了激烈的变革，其中虽有阵痛，甚至失败，但最终都让腾讯变得更加强大。

如今，跨过20岁的腾讯已经进阶为全球著名的超级巨头，早在2017年11月，其市值在高峰时就已经突破了5000亿美元的大关。

腾讯旗下的QQ、微信两大社交怪兽，几乎打入了中国所有网民的生活。2020年1月9日，《2019年微信年度数据报告》公布，显示微信/WeChat（英文版微信）当前月活跃用户达到了11.51亿人。2019年腾讯QQ财报显示，QQ月活跃用户为6.5亿人。要知道，中国的总人口数也才14亿。

2019年，腾讯全年营收3772.89亿元人民币，同比增长21%，净利润943.51亿元人民币，同比增长22%。其中游戏收入高达1147亿元人民币。这得益于《王者荣耀》《绝地求生》等游戏的大火，而且腾讯游戏海外份额增长很快，截至2019年底，全球十大最受欢迎手机游戏有5款是由腾讯开发的。

在移动支付领域，支付宝和微信支付占据绝对的霸主地位。2020年1月20日，国内专业移动数据提供商艾瑞发布的报告显示，2019年第三季度，在国内移动支付市场，支付宝占有54.5%的份额，财付通（包括微信支付）占有39.5%的份额。难怪有外媒感叹道：中国或将成为世界上第一个停止使用现金的国家。

这些还只是腾讯帝国的一角而已，其他如文化娱乐、企业服务、电子商务、汽车交通等，马化腾也或在布局，或已收割，成绩斐然。

2020 年 2 月 2 日，胡润研究院发布了《2020 胡润全球富豪榜》，其中马化腾以 3080 亿元人民币的身价排在中国富豪榜的第二位，第一位是马云。在《2020 年福布斯全球富豪榜》上，马化腾则以 460 亿美元成为中国首富。

然而，即便腾讯已经是世界企业超级巨头，自身也已经贵为中国首富，但马化腾却依旧时刻保持着危机感，他说："互联网是个变化很快的行业，竞争非常激烈。……我最深刻的体会是，腾讯从来没有哪一天可以高枕无忧，我们每天都如履薄冰，始终担心某个疏漏随时会给我们致命一击，始终担心用户会抛弃我们。"

正是出于这种危机感，马化腾不断寻求着对抗公司老化的新鲜血液。目前来看，腾讯在新零售、云计算、泛文娱、人工智能、全球化等大的方面已经有所布局，至于未来腾讯到底会成为一家什么样的公司，马化腾还在继续摸索，但是，在创造了如此强大的腾讯帝国后，我们有理由相信，他也一定能为腾讯创造一个更加强大且美好的未来。

36Kr特邀作者、公众号"进击的阿秀"主理人　阿秀

序言

PREFACE

# 为什么是马化腾

在很多人眼中，马化腾和腾讯始终是牢牢联系在一起的，腾讯以外，马化腾始终是低调而神秘的，这使得他与差不多同期创业的很多互联网大佬区别开来。其他互联网大佬，如马云、丁磊，虽然近些年不再轻易接受采访，但都曾经是在媒体上呼风唤雨的人物。再如周鸿祎这样的企业家，至今依然是频频抛头露面，为企业宣传造势。只有马化腾，从创业开始，便埋头做产品，几乎与媒体绝缘。人们对马化腾的第一印象往往是温文尔雅、低调务实，甚至有些木讷、沉闷。

马化腾如何能创造出腾讯这样一个庞大无匹的互联网帝国呢？大多数人给出的答案是马化腾的智商高，这当然不可否认，但比起智商，在经商做人上，马化腾的情商更加突出，而这也是腾讯始终保持强大竞争力并持续高速发展的关键因素。

## 马化腾这样对待用户

知乎社区曾有这样一条提问："关于马化腾，有哪些有趣的故事？"

所有回答中得到赞同最高的是下面这条：

"记得OICQ（今天的QQ，QQ是模仿国外ICQ建立）刚上来的时候，在网易BBS发了一个帖子（拨号年代的人都懂的）。当时的OICQ还没有域名服务器，只有一个测试IP地址。我登了上去，注册了一个账号，记得是10号以内的，当时线上就一个人。看到有人上来了，他立马和我搭讪，问我这个东西怎么样，我说和ICQ很像，略显简陋云云，当时感觉对面是个挺呆的技术工程师。后来的事情大家都知道了，这个挺呆的工程师就是马化腾。"

事实上，不止是创业早期，即使腾讯发展到如今这个规模，作为老板的马化腾还是经常加班，花大量时间思考如何满足用户。在互联网界，说到谈"用户体验"最多的企业，绝大多数人给出的答案会是腾讯。马化腾也一直在强调："看到同一个痛点的人很多，最后跑赢跑输，取决于你早期有没有站在用户角度把体验做到最好，做到极致，通过产品与用户的心灵对话。"

的确，通过用户体验打动用户非常关键。很多创业者浅尝辄止，产品做到一半，就交给下属，将精力转移到所谓的"大事"上。回过头看，其他"大事"都是小事。马化腾认为，在互联网行业，最重要的就是产品体验能不能打动用户，这就是最大的事，比一切事情都大。只有做好了产品，打动用户，才有往下走的可能。

## 马化腾这样对待合作伙伴

在3Q大战之前，马化腾确实有很多不放心，出于本能，很多事情都想靠腾讯自己去做。而现在，"我们真是半条命，我们把另外半条命交给合作伙伴了"，马化腾如此比喻腾讯在开放合作上的心态转变。在互联网新时代所带来的风口中，腾讯要做的是搭一个梯子，也就是回归到最核心的平台。马化腾总结道："这个产业对我们来说已经够大了。我们能做的是给所有产业提供零配件工具，让他们在和移动互联网结合的浪潮中可以飞得更高、飞得更安全。”

如今的马化腾，很清楚腾讯应该扮演什么样的角色，也很清楚合作伙伴需要什么、不要什么，这也是现在如此多企业愿意与腾讯合作的主要原因之一。

**马化腾这样与陌生人沟通**

很少有人知道，看上去低调甚至有些害羞的马化腾在年轻的时候就是一个与陌生人打交道的高手。

在创业之前，马化腾曾是中国惠多网深圳分站的创始人，也是第一任站长。在站长这个职位上，马化腾可谓尽心尽力，对网友提出的问题都会认真解答，有网友提出见面的要求，他有时间也一定会去。与丁磊的结识，就是缘于这样的网友见面。丁磊对马化腾影响甚大，马化腾之所以选择创业，很大程度上就是受他的影响。

**马化腾这样对待员工**

网上曾曝出一份关于腾讯内部职工的工资表。在这份工资表中，腾讯的员工有四个级别，分别为T1应届生，T2、T3高级和T4专家。随着级别和业绩的增加，薪资水平也有较为明显的差距，不过总体来看，每一级的工资都是互联网界最高的。有人甚至拿这张表与阿里和百度的员工工资表做对比，结果发现，腾讯明显高出一截。

为了让腾讯的员工更有活力，工资之外，马化腾给出的福利也是相当丰厚的，像住房公积金、住房补贴、差旅补贴、饭补、旅游补助等，一样都不少。可以说，凡是能找到的福利政策，腾讯全都提供，还增添了许多个性化的福利措施。比如，腾讯总部大厦位于深圳南山区高新科技园，这里可谓寸土寸金，但马化腾居然愿意花费巨额资金空出三层楼来建设员工食堂，并请各地大厨掌匀。如此，无论员工来自哪里，都能吃到最合胃口的饭菜。有这么好的福利，腾讯员工又怎能不拼命工作呢？

### 马化腾这样对待对手

真正了解马化腾的人都知道，他是一个就事论事的男人，从不记仇，也正因如此，他有竞争对手，却没有真正的敌人。比如，腾讯与阿里巴巴虽然是互联网领域最大的对手，但马化腾与马云却是认识很多年的朋友，私交甚好。“我们互相竞争，但是我们互相尊重。”马化腾表示。对于彼此间的竞争，马化腾还略带调侃地说道，“有时候也不想跟马云打，但下面还是气势汹汹要拼个你死我活，怎么办？那就让子弹飞一会儿吧！”

这样一个马化腾，或许有人可以打败他，但是，没有人能够真正地打倒他。

### 马化腾这样做慈善

虽然为人低调，但在慈善事业上，马化腾向来是亲力亲为，毫不含糊。在用科技造福社会的同时，马化腾也一直在用慈善回馈社会。

2006 年，马化腾出资 2000 万元，开始筹备建立腾讯公益慈善基金会。次年 6 月，腾讯公益慈善基金会正式获得国务院和民政部的批准。该基金会的成立，成为马化腾和腾讯做慈善的良好平台。

2008 年，汶川地震，在马化腾的带领下，腾讯直接捐款、筹款合计超过 3600 万元。

2009 年，腾讯公益慈善基金会宣布投入超过 5000 万元，在贵州、云南两地启动了名为“腾讯新乡村行动”的公益计划。

2010 年，腾讯网友爱心基金在北京五棵松体育馆正式启动成立。

2011 年，马化腾向腾讯公益基金会捐款 1.088 亿元。

2012 年，马化腾全年捐赠现金 1.41 亿元。

2015 年，腾讯基金打造“99 公益日”，引领全民慈善。

2016 年，马化腾捐赠个人持有的 1 亿股腾讯股票（价值 169.69 亿元），此举开创了中国企业家单笔捐款新纪录。

2017 年，中国公益研究院发布“2016 年中国捐赠百杰榜”，马化腾当之无愧地成为百杰榜年度新首善。

2018 年，中国慈善榜出炉，马化腾捐款 8.2 亿元，排在第四位。

2019 年，在中国慈善企业家榜上，马化腾捐款 10.8 亿元，排在第二位。

2020 年，新冠疫情爆发后，马化腾和腾讯公益慈善基金会先后捐款合计 15 亿元。

一路走来，马化腾不仅带领腾讯创造了中国互联网的奇迹，还为中国慈善事业树立了新的标杆。

当然，能够带领腾讯取得如今这样辉煌的成绩，马化腾所具有的优点肯定远远不止以上这些，其中的过程也要复杂很多。

如果你想要更多地了解马化腾，了解腾讯，本书无疑是一个很好的选择，它将会为你真实、完整、立体地再现马化腾这位互联网超级巨头的创业史和腾讯发展过程中的所有关键环节。比如，创业之前的马化腾走过怎样的路？腾讯发展过程中遇到过哪些艰难险阻？打败过怎样的敌人？有着怎样的失败？QQ 和微信是如何诞生的？腾讯游戏是如何做大做强的？未来，马化腾有着怎样的布局？当然，还有马化腾到底是怎样一个人？

这一切问题的答案，本书都将为你一一揭开。相信在阅读完本书后，你一定会对马化腾以及他的腾讯帝国有一个更加彻底的了解，同时，你也可以借助本书进一步了解中国互联网的发展史；鉴于腾讯公司的产品几乎已经渗透了我们生活的方方面面，你也会对当前的互联网局势和未来的发展方向有一个全新的认识。

众所周知，中国互联网的“权力游戏”目前已经演变为腾讯和阿里巴巴的“两极对峙”，这也就意味着马化腾和腾讯的时代远未终结，对我们的生活也将继续产生深远的影响。那么，就让我们共同期待吧，期待马化腾能够带领腾讯，为我们创造出更美好的未来！

目录

CONTENTS

PART 3

# 微信——社交之王

# PART 4

## 游戏——王者荣耀

## PART 5

# 前路——未来已来

# 引子

INTRODUCTION

假如时光可以倒流，马化腾之前的人生，大致轨迹应该是这样的。

2019 年　关键词 **百佳**

国际权威媒体《哈佛商业评论》发布“2019 年全球百佳 CEO”榜单，马化腾为唯一入选的中国内地企业家。

2018 年 关键词 **首富**

47 岁的马化腾成为华人首富，身家高达近 500 亿美元，力压老对手马云；腾讯成为全球市值第五、亚洲市值第一的超级互联网巨头。

2017 年 关键词 **大丰收**

游戏大丰收，以《王者荣耀》为代表的游戏板块占据了腾讯营收的 40%；IPO 大丰收，阅文集团、搜狗、众安在线、易鑫集团的 IPO 带来 441 亿元的回报。除不断地在互联网领域攻城略地之外，马化腾也开始在新零售、人工智能等新业务上发力。

2014 年 关键词 **红包**

这一年春节，微信红包“出人意料”地帮助腾讯撬开了在线支付大门，移动支付此后逐渐成为流行的支付方式，而马化腾与马云在支付领域的大战也就此拉开帷幕。

2011 年 关键词 **微信**

微信诞生，至今这款社交产品月活跃用户数量已超过 10 亿，是马化腾手中的头号撒手锏。

2010 年 关键词 **3Q 大战**

经历创业以来最大的危机——3Q 大战。在此之前，马化腾最引以为傲的，就是 QQ 这个强大的客户端，可 3Q 大战表明 QQ 并不是坚不可摧的，这让他大受“刺激”，并带领腾讯走向了开放之路。

2005—2009 年 关键词 **爆发**

腾讯的互联网业务迎来了大爆发，包括社交、游戏、新闻门户、广告、博客、音乐等在内，都取得了极其亮眼的成绩，尤其是社交和游戏，逐渐成为马化腾手中的王牌。但是，无处不在的触角，也为腾讯埋下了隐患。

2004 年 关键词 **上市**

6 月 16 日，马化腾及其团队迎来最重要的日子——腾讯在香港证券交易所上市。当时，腾讯每股的发行价为 3.70 港元，而截至 2018 年 3 月，腾讯每股的最高发行价达到 474.738 港元，上涨了 128.3 倍。

2000 年 关键词 QQ

第一次网络泡沫席卷了整个中国互联网，腾讯进入了最为困难的时期，在面临资金困难时，马化腾曾险些把开发出来的 OICQ 软件以 60 万元的价格卖给深圳电信数据局，但终因价格告吹。同年，原本只是 OICQ 昵称的 QQ，被以马化腾为首的腾讯高层正式命为 OICQ 的新名字。QQ 正式诞生！

1998 年 关键词 **创业**

年仅 27 岁的马化腾创建了腾讯公司。马化腾最初的想法很简单，只是想创建一个结合寻呼机和互联网技术的系统。

1993 年 关键词 **润迅**

进入从事寻呼机开发与服务的润迅公司，开始长达五年的上班族生涯。其间开始“混迹”早期的互联网世界，成为惠多网深圳分站站长，并由此认识了很多朋友，其中包括后来大名鼎鼎的求伯君与丁磊。

1989 年 关键词 **深圳大学**

考入深圳大学计算机系专业。在大学期间，马化腾为自己取了一个英文名字 pony，英文是“小马驹”的意思，这个英文名字也一直沿用到现在。此外，也正是在大学期间，马化腾遇到了腾讯创业“四大天王”中的三位，他们分别是张志东、陈一丹和许晨晔。

1985 年 关键词 **天文**

14 岁生日时，马化腾哀求父母为自己购买一台价格昂贵的专业级天文望远镜。马家虽然家境富裕，但在当时要买这样一台望远镜也属于奢侈消费，所以父母最开始并没有答应。于是，马化腾便在自己的日记中写道，“请父母给我买一台天文望远镜，如果不给我买的话，可能扼杀了一个天文学家。”

1971 关键词 **出生**

10 月，马化腾出生在海南岛东方市，父母在该市八所港务局工作。

好了，一切回到了原点。那么，现在，就让我们从这个原点开始，翻开下一页，溯时光之河，与马化腾一起，见证他是如何“创腾讯”的。

# PART 1

## 创业——乘风破浪

长风破浪会有时，直挂云帆济沧海。

——李白《行路难》

创业如同打《王者荣耀》，上黄金前一切靠自己，没人会理你。

——马化腾

# 第1章

# 少年：他的梦想曾是星辰大海

还是一个小小少年的时候，马化腾最大的梦想是成为一名天文学家，而不是企业家。报考深圳大学计算机系的重大决定改变了他的一生，也改变了中国互联网的进程。不过，马化腾那星辰大海的梦想或许从未改变，因为正如他所讲，“互联网就像一个不确定的星系在裂变，不是吗？”

## 天文爱好者“小马哥”

1971 年 10 月，马化腾出生在海南岛东方市，父母在该市八所港务局工作。小学时期，马化腾就读于八所港务局子弟小学。美好的童年生活，让马化腾对海南始终怀有一种特殊的情结，他曾回忆说：“我出生在海南，按照籍贯以出生地的标准来算，我可以说是海南人了。所以每次到海南，就像回到家一样。”

一个人的童年最容易被遥不可及的神秘星空所吸引，东方市八所港位于海南岛的最西端，那里的海港之夜，山水不语，星空璀璨，清澈深邃，仿如湖中倒影，其景象之美可以用一句古诗形容——“醒来不知身在水，满船清梦压星河”，很容易引发人无穷的好奇心和想象力。对于童年的马化腾而言，他最大的兴趣就是观察漫天的星辰。在这种环境中生活久了，马化腾自然培养起了浓厚的天文兴趣。

13 岁那年，马化腾随父母迁居到了深圳，但对天文的兴趣却并未因此而丢掉，反倒是越来越浓。14 岁生日时，他哀求父母为自己购买一台价格昂贵的专业级天文望远镜。马家虽然家境富裕，但在当时要买这样一台望远镜也属于奢侈消费，所以父母最开始并没有答应。于是，马化腾便在自己的日记中写道："请父母给我买一台天文望远镜，如果不给我买的话，可能扼杀了一个天文学家。"后来，在开始上高中的时候，父母禁不住他的不断哀求，花费了两个多月的工资为他购买了一台专业级天文望远镜。从此之后，马化腾每天晚上都会拿出自己的这个宝贝，观察星空，探索宇宙的奥秘。

在马化腾功成名就以后，有人曾问他"人生中最自豪的一件事情是什么"时，他的回答竟然不是创办腾讯，而是 1986 年在深圳中学生中第一个观测到哈雷彗星的回归。那一年，马化腾用学校的器材拍了一些哈雷彗星的照片，还写了一份观测报告，因此得到学校给予的一些奖项，获得了几十元钱的奖励，并且得到参加天文观测比赛的机会。遗憾的是，他当时正在备战中考，所以那次在海南举行的天文观测比赛没有去成。

高考的时候，马化腾曾向老师询问天文系毕业后的就业前景。当时，全国大学中只有南京大学有天文系，马化腾了解到天文系毕业真正能去天文台的很少，很多都是去当地理老师。学天文虽然好，但去当地理老师可真不是自己想干的，恰巧，当时他又开始接触到计算机，而且兴趣浓厚，于是便报考了深圳大学计算机系，并顺利考中。"毕竟天文太遥远了"，很多年后，马化腾提起此事，仍不免有些许无奈与遗憾。

尽管最终没有选择天文作为专业和职业，但这个爱好却一直陪伴着马化腾，直到现在，在马化腾的办公室里，都随时能看到最新的天文杂志。在业余时间，马化腾和同事、朋友聊天时谈的最多的除互联网之外，就是天文，而他在天文方面的热忱和健谈，也让不少与他聊过这个话题的人津津乐道，并引为美谈。有一次，腾讯董事会还专门送给马化腾一个精美的天文望远镜模型作为生日礼物。尽管只是一个小模型，但依然令马化腾喜出望外，连连表示感谢。如此喜形于色，这对一个量级如此庞大的企业老总来说，是极其少见的。由此可见，马化腾对天文有多么地热爱。"也可能是受我的影响，我们早期的创始人中还有很多对天文有兴趣的，有的人自己投资建立了个人的天文台。"马化腾称。

那么，天文爱好以及所拥有的天文知识是否对工作或思考产生影响呢？对此，马化腾坦言没有直接影响，“但你喜欢天文，会觉得自己很渺小，可能我们在宇宙当中从来就是一个偶然。所以什么事情仔细想一想，都没有什么大不了的，这对自己遇到挫折时能够稳定心态，想得更开，我觉得还是挺有帮助的”。

除了天文知识，马化腾还对科幻小说很感兴趣。比如，刘慈欣的《三体》就是他最喜欢阅读的科幻小说之一。马化腾认为，《三体》“想象力很丰富。实际上小说里写出了现在的科技发展，包括未来研发的一些方向，有前瞻性，可以展望”。

事实上，马化腾的天文爱好与互联网职业的确是有相通之处的，这两者都是对未来世界探索的重要途径，也都充满不确定性。对天文的爱好，可以让马化腾更好地树立大格局的意识，也能时刻保持危机感，即使是在掌声最热烈的时候。

## 恰同学少年，风华正茂

1989 年夏天，改革之风劲吹深圳，炎热的天气挡不住人们热火朝天的干劲。也就是这个夏天，马化腾参加了高考，分数是 739 分（满分 900 分），高出重点线 100 分，报考国内绝大多数名校，都可以说是成竹在胸。不过，在家人和师长的劝说下，马化腾最终选择报考了深圳大学计算机专业。

深圳大学简称“深大”，位于深圳市南山区，1983 年经国务院批准创办。中央、教育部和深圳政府高度重视特区大学建设，邓小平同志叮嘱“一定要办好深圳大学”。“好风凭借力，送我上青天”，地处深圳特区的这一特有优势使得深圳大学的发展速度十分惊人，尤其是计算机系和建筑系，实力强劲，为国家输出了大量人才，马化腾就是其中最为杰出的一位。

深大坐落在南山半岛，面临后海，遥对香港。天风海涛，白云红荔，景色优美的深大曾入选中国十大最美校园之一。曾经有一年深大校长在开学致辞中引用了海子那句著名的诗句“面朝大海，春暖花开”，这的确是深大得天独厚的环境、语境和意境。毕业于深大的经济学者薛兆丰曾撰文写过深大：“深圳大学之所以能取得今天这样的成就，和深圳大学的开放、自由、兼容并包的精神密不可分。”薛兆丰在文章里调侃道：“20 世纪八九十年代，深圳大学的学生可以像逛超市一样逛图书馆，看中哪本书就随手拿起，‘肆无忌惮’地阅读使得学生的视野被打开。而那时，内地高校的图书馆还停留在粮票时期的公社模式，就是你需要哪本书，写个字条儿，里面的人再帮你找。”在这样美好的求学环境中，马化腾就像一条游进海洋中的鱼儿，饥渴地学习和吸收着知识。

大学时期的马化腾正处于风华正茂的年纪，学业优秀的他可谓是天之骄子。不过，马化腾却没有因此沾沾自喜，也没有纨绔之气，更没有为风花雪月所迷惑而耽误学业，学习成绩始终名列前茅。与此同时，对于计算机专业，马化腾也逐渐产生了强烈的兴趣，在编写软件和研究计算机网络中体会到了无穷乐趣。马化腾曾经说过自己学习编程的方法是“用最笨的方式去领悟”，即用抄代码来培养感觉，这一点在他开始创业后，也一直烙印在腾讯的企业文化中。

通过大学四年精益求精的学习，马化腾的专业知识伴随着“深圳速度”而炉火纯青，甚至比起深圳大学的一些专业老师也毫不逊色。在校期间，马化腾经常利用专业技能开一些不大不小的玩笑，比如编一些小程序把学校机房的电脑硬盘锁死，时常让机房管理员哭笑不得，作为中国第一代黑客的他也是各种病毒的克星，对付一般的病毒对他来说简直是手到擒来，就连学校的老师也经常向他请教。总之，在当时我国不少大学生还不知计算机为何物时，马化腾已经成长为一名优秀的计算机专业人才，而这种专业技能也为他以后的创业打下了坚实的基础。

在大学期间，马化腾为自己取了一个英文名字“pony”，英文是“小马驹”的意思，这个英文名字也一直沿用到现在。此外，也正是在大学期间，马化腾遇到了腾讯创业“四大天王”中的三位，他们分别是张志东、陈一丹和许晨晔。

“恰同学少年，风华正茂。书生意气，挥斥方遒。”在人生最好的年华里，优秀的马化腾遇到了同样优秀的几位小伙伴，共同成长的大学时光，互相见证青春的友谊，将在多年之后，让他们重新聚集在一起，创建一个令世界震惊的互联网帝国。

# 第 2 章

## 历练：平凡之路，后会有期

平凡是荒原，孕育着崛起，只要你肯开拓；平凡是细流，孕育着深邃，只要你肯积累。许多年后，在回忆起马化腾时，前同事们都用“当年其实不起眼”“没想到”这样的词汇来形容他的平凡。但事实上，正是这样一段平凡之路，为马化腾的成功创业孕育了足够的养分。

## 在股市上捞取第一桶金

“1992年，又是一个春天，有一位老人在中国的南海边写下诗篇……”1992年，是一个被载入史册的年份。这一年的1月18日，邓小平同志开始南方考察，并在考察期间发表了著名的南方谈话，提出了“科技是第一生产力”的著名论断，这一论断也成为中国改革开放政策的重要依据。

当时，中国的股票市场还处于起步阶段，新股发行也是处于摸索期。然而，乘着邓小平南方谈话的春风，中国股市出现了前所未有的上涨：1992年1月21日，上海证券交易所放开了仅有的15只上市股票的价格限制，引发股市暴涨。因为没有涨停板的限制，沪市一日涨了105%。随后股指连续飙升两日，25日行情触顶，高达1429点。在中国，已经有越来越多的人开始相信，股市是创造一夜暴富神话的最好场所。

作为中国改革开放政策的窗口与先驱，深圳的股市在这一时期发展尤为迅猛，炒股在深圳几乎成了一项全民运动，连菜市场的大妈、公园遛鸟的大爷都张口闭口不离股票，当年一部热播的电视剧《股疯》将股民的疯狂表现得入木三分。深圳股市的情形的确可以用“一片大好”来形容，其涨势之快令人疯狂，很多时候，在人们上下楼的工夫，股市就可能出现大幅上涨。比如，上楼前股票的价格是三元钱，上楼后还没来得及喝口水，股票的价格就已经升至四元了。这也就意味着，如果有足够的资金，并且买对了一只股票，那么，在一天的时间就能有几十万甚至上百万元的收入。在深圳，通过买股票暴富的人，真正体会到了天上掉馅饼的滋味，"玩股票就是在捡钱"，这句现在看来极其缺乏理性的话，在当时却是很多人的口头禅。

此外，也就是这一时期，马化腾的大学师兄史玉柱开发的"汉卡"软件开始风行全国，巨人集团和史玉柱本人也名噪一时。

针对股市的情况，结合史玉柱的成功，马化腾得到了启示，他与人合作开发出了一款针对股民的"股票分析系统"，即股霸卡。股霸卡是马化腾开发的第一款面向市场的产品，可以说是一次试水，所以他并没有对此抱太多的期望。然而，出乎马化腾意料之外的是，这款产品竟然一炮打响。由于使用股霸卡，股民可以实时查看股票行情，所以市场销路十分紧俏，最高的时候一台卖到 2000 多元，在深圳赛格电子市场还曾多次卖到脱销。不久，深圳黎明网络公司看上了这款软件，就问马化腾多少钱肯卖。马化腾和家人都不知道这款软件到底值多少钱，于是就让对方出价，结果，对方以 5 万元的价格从马化腾手中购买了这款软件。5 万元在那个年代可不是一笔小数目，据说，父亲马陈术还专门找了几个朋友，陪同马化腾把钱提回家，以免出现意外。另外，这家黎明公司与马化腾的渊源也没有就此了断，后来，马化腾创办腾讯的主要合伙人之一张志东就曾在这家公司工作过。

通过股霸卡轻松地发了一笔"小财"后，马化腾在整个圈子中名气大增，在大家看来，他是一位难得的计算机高手。因为专业和工作的关系，马化腾的交际圈子中多是一些颇有实力的小老板，这些小老板时不时地需要马化腾为自己编写一些实用的小程序，而马化腾也乐得以此赚些外快。这让他很快就有了一些积蓄，生活过得也比较滋润。正所谓"近朱者赤"，通过对股霸卡的研究以及和股民的接触，头脑敏锐的马化腾很快就发现了另一个机遇，那就是炒股。马化腾一头扎进了股市，但并没有像绝大多数股民那样碰得头破血流，而是很快创造了由10万元炒到70万元的辉煌成绩。炒股使马化腾在财富上完成了第一次飞跃，也为他日后创业赚得了较为雄厚的资本。不过，许多年后，回忆起当时的情形，马化腾却表示他的确买了10万元的深圳发展银行的股票，后来也的确涨到了70万元，但他并没有抛，创业的资金并非来自股市。话虽然这么说，但股票何尝不是一种创业资本，有这些钱放在当时形势大好的股市，心里总是会有一些底气的吧。

## 成为一名普通上班族

大学毕业的时候，马化腾开始计划自己的未来，他认为凭借自己的专业知识可以尽快创业，于是跑去深圳著名的电子市场华强北给人组装电脑。事实上，马化腾亲自动手组装过从8086、286、386到486等大部分当时的主流机型。组装电脑收入很高，装一台赚50元，一天装两台，月收入就达3000元，这比当时大部分上班族的收入高得多。不过，没干多久，马化腾就改变了主意，决定还是老老实实地去上班。因为他发现，如果只是组装电脑，那些初中毕业的人都能很快上手，门槛太低，市场很快会趋于饱和，利润也很快就会变得微薄，要想借此干出一番大的事业几乎是不可能的。

1993年的某天，马化腾偶遇一位老同学，老同学告诉他一家从事寻呼机开发与服务的公司正在招聘软件工程师。马化腾就去应聘这家名叫润迅的公司，并顺利被录用，成为一名普通的上班族，从事软件开放，当时的月工资是1100元。

润迅成立于 1990 年，所经营的主要业务是当时比较前沿的寻呼行业。因为寻呼行业的发展速度极快，而润迅又极为注重研发，所以，创立没多久，就推出了几款深受市场好评的产品，在不到一年的时间内，就打出了名号，那句“一呼天下应”的广告语更是曾经响彻全国。润迅在业绩最鼎盛的时候，一年有 20 亿元的收入，毛利超过 30%，是当时首屈一指的通信企业。根据知情者的回忆，润迅为包括马化腾在内的员工提供了全深圳最好的福利待遇，不仅工资高，还能享受免费且可口的午餐，这在当时国内的民营企业中是非常罕见的。

在润迅，马化腾虽然只是一名普通员工，但他工作的那几年，正是润迅最辉煌的时候，所以，他学到了不少东西，眼界得到很大的提升，积累了一定的客户资源。同时，在润迅工作也为马化腾以后的创业积累了许多珍贵的实战经验，比如，如何构建和管理一家规模超过亿元的企业，如何在一个新兴市场上赢得份额，怎样和香港的资本市场取得互动，等等。

在润迅，马化腾最早名片上的头衔是“软件工程师”，后来，因为表现突出，职位升为“开发部主管”，不过工作始终做的都是软件开发。“许多软件人员往往对自己的智力非常自信，写软件只是互相攀比的一种方式。而我已经希望自己写出的东西被更多的人应用，也愿意扮演 个将技术推向市场的小角色。”在日后回忆起这段打工岁月时，马化腾如是说。看来，在润迅，他不仅学到了很多实用的东西，积累了丰富的经验，更重要的是明确了软件开发的意义——被更多人应用，而不是开发者的自娱自乐。

在润迅的工作经历，对马化腾还有一个很大的影响，那就是确立了最初以通信为主的创业方向。对于这一点，后来马化腾曾分析道：“华为、中兴这两个全国最大的通信设备制造企业都出现在深圳，这跟深圳这边地理因素有关系，因为它靠近香港，国外的元器件进口比较容易，所以大家都是在深圳从做贸易起来的。我们看到深圳在通信方面的人才储备比较多，所以，腾讯后来起来的时候也是以通信为主，包括我第一份工作也是做寻呼。”

不过，尽管在润迅的工作经历对马化腾意义重大，但在润迅内部，他的确就是一名普普通通的上班族。据多位润迅的老员工回忆，马化腾“当年其实并不起眼”，为人低调，性格内向，没有什么特别突出的地方。不过，这些老员工都有一个共识，那就是在润迅期间，马化腾工作十分认真，也非常踏实。

## 在互联网世界的日子

每个资深的网民应该都有过这样类似的感悟：互联网就像是无数个交错纵横的老鼠洞，洞与洞之间可以连通，且每个洞穴都有着很多充满诱惑力的东西，谁都不知道自己哪天会选择在哪个洞里停留，从此以这个洞为家。

假如马化腾能在炒股的道路上坚持下去，他或许也会成为亿万富豪。然而，在马化腾心中，钱从来不是最重要的，事业才是，而他所想成就的就是互联网事业。进入职场之后，马化腾在忙碌之余开始经常性地关注一些当时的知名网站，而真正开始让他着迷以至于有点“不务正业”的是曾经风靡中国互联网界的惠多网。

惠多网，成立于 1991 年，盛行于 1993 年至 1998 年，高峰时期全国有上百个站点，使用者达上万人。惠多网的功能是通过电话线路连接 BBS 网络，BBS 网络之间互相通过点对点的方式转送信件，它是中国计算机网络通信爱好者自行创立并维持运作的业余网络系统。惠多网中有名的 BBS 有北京的长城、天堂、舒克，广州的新月，珠海的西点。惠多网的网友算是中国最早的网民，后来多个网友成为中国互联网名人，比如，求伯君、王峻涛等第一代程序“大神”都曾担任过惠多网分站站长，雷军、丁磊、周志农等互联网传奇人物也都曾在惠多网“混迹”过，马化腾也是其中之一，而且，他还是惠多网深圳站的创建者与第一任站长。

1994 年底，马化腾第一次接触惠多网，并很快就对其产生了浓厚的兴趣。在大约接触了半年后，马化腾主动联系惠多网，要求在深圳创建分站，并得到许可。之后，马化腾拿出 5 万元的积蓄，在家里扯了 4 条电话线，买来 8 台电脑，将惠多网深圳分站建立起来，并取名为 Ponysoft（“马站”）。

惠多网深圳分站的创建相当不容易，那时候装一部电话就要 4000 元初装费，将近马化腾 4 个月的工资，幸好他的姐姐和几个亲戚在电话公司上班，可以申请到半价的优惠价格。

严格来说，虽然花了很多成本，但那时的马化腾并没有想利用惠多网干出多大的事业，更多还是出于爱好。所以，他白天依然在润迅公司老实上班，分站的维护工作交给了对电脑半懂不懂的母亲黄慧卿。多年后，回忆起这些往事，马化腾的父亲马陈术还记忆犹新，他说：“其实，‘马站’能出名也有她的一份功劳，那时马化腾一出门就要母亲帮他管理网站，他会写一张字条给母亲，告诉母亲一旦有网友打电话说网络不通，就按照字条上的步骤排除故障，确保网络通畅。”

虽然更多是出于爱好，但马化腾最初做网站，也是有一定目的性的，正如他自己所说：“一开始接触网络，我就知道它哪些方面是有用的，我是有目的地选择，并不只是玩。所谓的玩，是想知道这个东西为什么好，用户为什么会喜欢它，是用一种研究的心态去尝试。”正因如此，马化腾像爱护自己的孩子一样爱护着“马站”，想尽办法让它被更多的人所理解和接受，比如，给深圳本地的大小报纸投稿，撰文介绍“马站”。此外，性格内向的马化腾还主动拓宽交际面，和陌生的站友见面、合影，为“马站”做推广。功夫不负有心人，时间一久，惠多网深圳“马站”在业界逐渐声名鹊起，马化腾甚至还因此被要求参加了第一届和第二届全国 BBS 站长大会。“马站”并没有为马化腾带来金钱上的收益，但却让他认识了很多朋友，其中就包括后来大名鼎鼎的求伯君与丁磊。

马化腾在惠多网上认识求伯君时，对方正在珠海的金山软件工作。珠海与深圳只有一海之隔，再加上求伯君曾经在深圳工作过一段时间，因此，会经常跑到深圳来。每次到深圳，喜欢金庸武侠小说且颇有大侠风范的求伯君都会呼朋唤友，大家一起聚一聚，马化腾作为惠多网深圳分站站长，自然也在受邀之列。当时，这群人经常在深南路上海宾馆对面的老大昌酒楼聚会，大家一起喝酒聊天，畅谈网上网下的见闻与心得。

作为站长，马化腾十分称职，对网友提出的问题都会认真解答，有网友提出见面的要求，他有时间也一定会去，与丁磊的结识，就是缘于这样的网友见面。1997 年前后，丁磊专门坐火车去深圳看望自己的网友——马化腾，那个时候两个人都没有钱，对未来以及互联网都没有什么清晰的看法，只是觉得这将是希望所在。回忆起那段时光，马化腾感慨地说道：“当年一起喝啤酒的时候，我们只是打工仔而已，都还不知道未来。丁磊后来的成功为我带来了启发，只要去做，没有什么事情是不可能的。”

就在马化腾在惠多网上悠然地过着自己的小日子的同时，国际互联网的浪潮也开始席卷中国。1995 年，31 岁的大学外语教师马云创办了“中国黄页”网站，自称是第一家网上中文商业信息站点。同年 5 月，张树新在北京中关村创立了中国第一家互联网服务供应商——瀛海威，他在中关村白颐路南端的街角处，竖起了中国互联网产业的第一块广告牌：“中国人离信息高速有多远——向北 1500 米。”1996 年，受雅虎成功的启发，麻省理工学院物理学博士毕业的张朝阳于这一年创立了搜狐。与此同时，丁磊受 Hotmail 的启发，注册成立了仅有 3 名员工的网易……一个伟大的互联网时代来临了。

## 踏上创业征程

在润迅工作的最后那段时间里，马化腾过得很忙碌，但心中并不快乐。虽然已经被提升为润迅的开发部主管，但是因为工作内容和市场的限定，他必须按照上级的要求将大部分时间和精力放在传呼机业务上，而他所提出的那些有关互联网方面的开发建议却没有得到润迅高层的重视，这让马化腾产生了一种受挫感和危机感。

2010 年 4 月，在接受《中国企业家》采访时，马化腾回忆说："那个时候我开始思考互联网能带来什么，因为当时在做传呼，第一个想法就是把网络传呼这个概念引进来，通过互联网来传呼，把内部的系统接起来，当时以为这可以给传呼业带来一点高科技色彩，能够延缓（传呼业的衰落），因为当时（公司包括整个传呼业）压力很大了。其实手机一开始出来，短信一普及，我就知道传呼机肯定是完蛋的，就变成夕阳产业了。"

虽然工作不一定是自己的兴趣，但如果与自己的兴趣实在相差太大，工作起来也肯定是不舒服的。马化腾当时的心情大致就是这样的不舒服，尤其是当他意识到润迅的发展战略已经背离了互联网的大方向时，他对自己的前途自然就有了新的想法。不过，实事求是地说，当时对互联网缺乏足够认识的不仅是润迅，整个传呼行业也都没有意识到巨大危机的到来，通信行业整体上的繁华让那些传呼公司集体性地"失明"，完全丧失了必要的危机意识和战略眼光，没有几家能够做到及时转型，以至于当市场的拐点在 2000 年出现时，几乎所有的传呼公司都是仓皇失措，想要弥补也是为时已晚，最终逐步走向了彻底死亡的深渊。

除了润迅公司乃至整个传呼行业存在的问题，还有一个外部因素促使马化腾做出了最终的决定，那就是丁磊的成功。1998 年 7 月，丁磊将自己创建的邮箱系统卖出，拿到 119 万元。与马化腾结识时，丁磊一无所有，连一份正经的工作都找不到，可没过几年，他却成为中国互联网产业第一个赚到真金白银的创业者。眼看丁磊实现人生逆袭，马化腾坐不住了，因为这个邮箱系统他也曾想到过，但却没有实施。也就是在这个时候，马化腾下定了要创业的决心。

曾有这样一个传闻，1998 年，马化腾向润迅高层提交了一个开发即时通讯软件的提议，试图再最后努力一下，但却依然没有引起任何润迅高层的兴趣，因为对于这个小东西，他们看不到任何前景。据润迅一位高层干部回忆："在当时的讨论中，有人说：'这东西究竟是收钱还是不收钱？如果不收钱，我做它干什么？'"当时，很多人都没有认识到客户资料比现金收入更重要，尤其是有忠诚度的客户，往往是花钱也买不到的。如果传闻为真，那么应该就是这件事情让马化腾认识到了自己和润迅公司"道不同不相为谋"，因此，才打定主意离职创业。

1998 年 10 月，马化腾正式向润迅提交了辞职信。对于这样一位高级人才的流失，润迅自然是舍不得，但或许是自以为家大业大，最终也没刻意挽留，"放走"了马化腾。

从润迅离职后，马化腾对于具体的创业计划虽然还没有明确的思路，但大的方向已经确定了下来，那就是传呼和网络。之所以认定这两个目标，是因为马化腾认为自己拥有传呼的工作经验，对网络也充分熟悉。不过，要创业，靠一个人肯定是不行的，他需要寻找一些志同道合的伙伴。

# 第 3 章

## 征途：先人一步，乘风破浪

创业维艰，很多时候，能够生存下来就是胜利。腾讯如今已成长为一个庞大的帝国，但没人会想到在创业之初，马化腾也曾困窘到差点把 QQ 给贱卖了。不过，守得云开见月明，当他顽强地挺过那段风雨飘摇的互联网岁月后，光明也正在一点点拨开云雾，投射进来。

## 无兄弟，不创业：腾讯“四大天王”

1998年，辞职后的马化腾很快开始着手组建自己的创业团队，他首先想到的就是自己的大学同学张志东，并得到了对方的积极响应。1998年11月11日，在这个后来对互联网意义重大的特殊日子里，马化腾与张志东“合资”注册了深圳腾讯计算机系统有限公司。之后不久，腾讯又吸纳了三位股东：曾李青、许晨晔和陈一丹。为了避免合伙企业最容易出现的争权夺利现象，在腾讯创立之初，马化腾就和四个伙伴约法三章：各展所长、各管一摊，马化腾是CEO（首席执行官），张志东是CTO（首席技术官），曾李青是COO（首席运营官），许晨晔是CIO（首席信息官），陈一丹是CAO（首席行政官）。

俗话说“一山不容二虎”，特别是在企业迅速发展壮大的过程中，要保持创始人团队的稳定合作往往更加困难，而腾讯却成功地做到了这一点，这在很大程度上要归功于计算机工程师出身的马化腾从一开始就对合作框架的理性设计。从腾讯最初的股份构成上看，五个人一共凑了50万元，其中，马化腾出资23.75万元，占47.5%的股份；张志东出资10万元，占20%；曾李青出资6.25万元，占12.5%的股份；许晨晔和陈一丹各出资5万元，分别占10%的股份。

虽然马化腾能够拿出更多的钱，但他却自愿将自己所占的股份降到一半以下，“要他们的总和比我多一点点，不要形成一种垄断、独裁的局面”。同时，马化腾自己又一定要出主要的资金，占大股。“如果没有一个主心骨，股份大家平分，到时候也肯定会出问题，同样完蛋”。

除了对合作框架的理性设计，腾讯创业团队保持稳定的另一个关键因素，在于彼此之间能够“合理组合”，且每一个人都有自己非常明显的优势，马化腾自不用多说，我们来分别了解一下其他四人。

**技术天才张志东**

张志东的性格和马化腾比较像，也十分低调。相比马化腾，张志东更是少见于公众场合。

张志东是一个超级厉害的技术天才。前文讲过，在深圳大学求学期间，马化腾的成绩始终名列前茅，其计算机能力比起一些专业老师都毫不逊色，但成绩最拔尖的不是他，而是张志东。不仅如此，即便放大到当时深圳甚至全国计算机发烧友的圈子里，张志东都是人中翘楚。

凭借着丰富的理论知识和多年的技术积累，张志东在腾讯公司的技术水平始终都属于顶级，即便是马化腾的对手们，也都钦佩不已。QQ 最初的架构设计就是由张志东来主导完成的，而这个架构目前还在使用，可见张志东的技术实力。除了拥有令人尊敬的技术水平，张志东低调的作风也为业内人士称道，尽管手握数百亿的财富，但在物质上却追求极低，多年来一直保持着非常质朴的生活习惯。

**营销干将曾李青**

李华是腾讯创业初期对外招聘的第一个外地大学生，2000 年，他从湖南某大学计算机系毕业后进入腾讯，内部编号 18 号。据李华回忆，他第一次见到马化腾本人的时候，心中很是吃惊，在他看来，马化腾更像一位学长而非老板，他当时甚至认为，腾讯的另一位创始人曾李青才是真正的大老板。

其实，这也怪不得李华，从外表上看，曾李青的确更有“老板相”，连马化腾都坦率承认：“曾李青长得就像老板，出去别人握手都先跟他握，我的名片只写工程师，不敢写总经理，怕人家觉得你们这公司玄乎了。”这两个人虽然都是大高个子，但曾李青要富态很多，在穿着上更商务一些，在语言表达和人际沟通方面也比更擅长技术的马化腾强一些。腾讯创立初期，曾李青主要负责市场开拓，是一位营销干将，腾讯最终能够成功在香港上市，曾李青在市场上的努力可以说是核心因素。不过，令人遗憾的是，在腾讯上市后不久，曾李青离开了腾讯，成为一名天使投资人，他也是腾讯创业“四大天王”中最早离开的一个。

### “好好先生”许晨晔

许晨晔和马化腾、张志东同为深圳大学计算机系的同学，毕业后进修了南京大学计算机应用专业研究生，而后在深圳电信局数据分局工作。许晨晔是一个非常随和、有自己的观点但不轻易表达的人，是有名的“好好先生”，他最大的爱好是与人聊天，兴趣则多种多样。

在许晨晔极少的公开发言中，有一段珍贵的讲话，谈的是他们是如何走到一起创业的。许晨晔笃定地说：“虽然我们毕业之后接触并不太多，但是我们知道各自的风格，我虽然不知道要做的事情能到怎样的程度，但是我知道大家肯定是认认真真地去做，不会说是打打闹闹玩一会儿，做来做去没有下文的那种人，所以，这件事情我就值得参与。当时并没有其他特别的想法，就是觉得这件事情做了不会浪费时间。所以，当时大家都很爽快地答应了。”

许晨晔是腾讯创业“四大天王”中目前唯一还留在腾讯的，腾讯官方对他的描述是：“腾讯公司主要创办人之一，首席信息官，全面负责网站财产和社区、客户关系及公共关系的策略规划和发展工作。”

### 低调功臣陈一丹

陈一丹是马化腾的中学同学，也是深圳大学同学，不过他读的专业是化学。在腾讯创业团队中，如果说马化腾和张志东都是低调的人，那么陈一丹便是低调中的低调，任职腾讯 15 年的时间内，他几乎没有接受过媒体对他的个人专访。

陈一丹在腾讯主要负责集团行政、法律、人力资源和公益慈善基金事宜，同时也负责集团的管理机制、知识产权、政府关系等。说到陈一丹对腾讯的贡献，马化腾的评价最为公允，他说："腾讯创业过程中缺少 Charles（陈一丹英文名）不可能成功，他为公司的职能体系、价值观和文化建设及公益慈善事业的付出独一无二。可以说，Charles 在腾讯完美地诠释了'首席行政官'的定义。"

2013 年，陈一丹正式宣布卸任腾讯首席行政官（CAO），担任腾讯终身荣誉顾问。此后，陈一丹开始投身文化、公益及教育行业，被誉为"中国互联网公益教父""互联网公益第一人"。尤其值得一提的是，2017 年 5 月，陈一丹还曾以年度捐赠 23.7 亿元现金位列福布斯中国慈善榜榜首。

## 创业不足岁，差点贱卖 QQ

所有的伟大往往源于一个最为平凡的开始。

1987 年，在深圳湾畔一个杂草丛生之地的两间"简易房"里，任正非与他人合伙投资 2.1 万元，创办了华为。

1999 年，在杭州，马云和他的创业团队靠着几台笨重的台式电脑创立了阿里巴巴。

比马云早一年，1998年，在深圳一间简陋的办公室内，马化腾与他的伙伴们开发出了OICQ，开启了QQ时代。

创业之初，马化腾将腾讯的创业方向定在了寻呼业务上，主要是为一些寻呼台做系统集成，几个合伙人包括马化腾在内，既当工程师，又做销售员，忙得是连轴转。就在这样忙碌的创业环境之下，一次偶然的机会，马化腾接触到一位以色列人开发的即时聊天工具ICQ，并马上意识到这个东西有着巨大的市场前景。有一次，马化腾在广州电信的信息港上"冲浪"，无意中看到一个招标新闻，广州电信想要购买一个和ICQ类似的中文即时通信工具，正在向全社会公开招标。马化腾敏锐地发现了其中的商机，当即找来张志东、曾李青等人商量，大伙儿统一认为技术上难度不大，可以试一试。

第二天，曾李青负责去打听，可带回来的消息却令人沮丧：此次参与竞标的是广州电信旗下的飞华公司，他们已经完成了所有的产品开发，并且连名字都起好了，叫PCICQ。虽然开局不利，但马化腾并没有就此放弃，他与张志东闭门数日，写出了一份竞标书。在为这个"纸上产品"想名字的时候，马化腾想到了"open"（开放），于是就叫OICQ，中文名意思是"中文网络寻呼机"。另外，马化腾意蕴深长地将OICQ的图标设计为企鹅，后来改为QQ也同样采用了企鹅形象。众所周知，企鹅生活在地球的极端，用企鹅作为图标，蕴含着联络地球的两端、让网络无处不在、沟通更加方便的意思。

可惜的是，在这次竞标会上，实力雄厚的广州电信并没有给当时还极为弱小的腾讯以任何机会，飞华公司意料之中地成为中标者。

回到深圳后，腾讯的五位合伙人开始讨论一个问题：还要不要把OICQ给开发出来？在许晨晔的记忆里，这是腾讯创立后合伙人之间第一次发生激烈的争论："那次，大家争论得挺激烈的，说什么的都有，主要是一点也看不到赚钱的机会。而且，前面已经有台湾资讯人、网络精灵和飞华在做了，市场还需要第四个‘汉化 ICQ’吗？但是，美国在线花几个亿买走 ICQ 又好像很给力。”

关键时刻，总是要有一个拍板的人，在腾讯，这个人只能是马化腾，他说：“要不我们先把它养起来吧。”在说这句话时，马化腾应该不会想到，未来的日子，这款小软件会成长为怎样的一个庞然大物。

在刚开始的一段时间，OICQ 的确没有给马化腾带来多少惊喜。这是因为在当时的互联网企业中，像马化腾这样的“拿来主义”几乎遍地都是。而且，国内也已经有很多同类软件，包括 Yahoo Mesenger、Sinapager、PICQ、SOQ、TOMQ 等，至少十余款软件，只是都没有彻底打开市场。在这些软件中，毫无疑问，OICQ 是实力最小的。张志东回忆说：“没有人把它看成是一个大行业，它太‘小众’了，以至于我们都懒得给它起一个中文名。”直到 1999 年初，在暂时没有新的项目开发时，抱着试试看的心态，马化腾把 OICQ 放到了互联网上，并将原来的定向赠送改为免费下载模式，这一改变一下子满足了学生群体的需求，免费下载 OICQ 一时间在大学校园里成为一种时尚。

接下来的发展，可谓顺风顺水，OICQ 这款一度不被众人看好的小软件，在不到一年的时间里发展出了 500 万用户。马化腾自然是兴奋的，但在兴奋之余，也不免有所担忧，担忧的是用户增加的同时，也就意味着腾讯要不断地扩充服务器。每台服务器需要两千元的托管费，这让刚刚成立不久的腾讯不堪重负。无奈之下，马化腾只有到处去蹭别人的服务器用。

“那时候觉得养不起就卖掉吧，”回忆起当年的情形，马化腾很庆幸地笑道，“但是在卖 QQ 时我们碰到了麻烦。我跟许多 ICP（内容提供商）谈，他们都要求独家买断。”这让本来想多卖给几家公司赚更多钱的马化腾陷入犹豫之中。最悬的一次是当时与深圳电信局数据分局的价格谈判，对方提出 60 万元价格，马化腾却坚持要卖 100 万元，因为价格始终谈不拢，最后这次收购也告吹了。

OICQ 无法以理想的方式和价格卖掉，但用户增长又极为迅猛，运营所需的投入越来越大，马化腾只好拉下面子，四处想办法去筹钱。结果是：找银行，银行说从没听说过凭借“注册用户数量”就可以办抵押贷款的；与国内的投资商谈，对方关心更多的不是软件，而是腾讯有多少台电脑和其他固定资产。

2000 年，互联网泡沫席卷了整个中国互联网，当时虽然拥有庞大数量的用户,但没有找到盈利模式的腾讯很快就支撑不住了。在形势极其严峻的时刻，马化腾和他的创业团队开始寻求外援，他们曾找过中华网、新浪等，希望对方能够以 100 万元的价格买下 OICQ，然而都遭到了拒绝。吃到闭门羹后的马化腾下决心坚守 OICQ，带领团队顽强挺过难关，这在泡沫后萧条的互联网大环境下，并不容易。屋漏偏逢连夜雨，美国在线 AOL 公司在这时给腾讯发来两封律师函，发起严厉的投诉。原来，AOI 早已经将以色列人开发的 ICQ 收购到自己旗下，他们认定，任何在名称中使用 ICQ 字样的同类软件都属于侵权行为，AOI 要求腾讯把 OICQ 改名，并把已经注册的两个域名让给他们，否则将诉诸法庭。

为了避免和 AOI 这样的美国大企业发生法律冲突，原本只是 OICQ 昵称的 QQ，被马化腾为首的腾讯高层正式命为 OICQ 的新名字。QQ 正式诞生！

## 困难重重的融资路

2000 年，QQ 用户数增长迅速，但当时的腾讯还没有找到适合的盈利模式，资金一直在投入，却没有相应的回报，很快就陷入了资金危机。据马化腾后来回忆，腾讯最拮据的时候，账上只有区区 1 万元，用“弹尽粮绝”来形容毫不为过。

在这种形势下，受一些企业海外融资的启发，马化腾做出向外融资的重要决定。但是，对于投资商，马化腾是有条件的，他提出：并不是有资金就会接受，不管投资商投入多少钱，腾讯的领导权都必须掌握在自己团队手中。此外，马化腾还希望能选择那些有经济实力、对互联网市场比较了解的投资商。如此一来不仅能给予腾讯资金上的支持，也能够对腾讯的发展进行科学的指导和建议。更重要的是，投资商要有良好的风险意识，敢于承担亏本的风险，这样才能给腾讯带来长期的帮助。

经过一番深入的思考，马化腾和他的团队做了 6 个版本长达 20 多页的计划书，然后开始了漫长而又困难重重的融资之路。最开始，马化腾接触了很多投资商，但并没有找到合适的。那段时间，马化腾无论是思想还是行动，都处于高速运转中，结果，融资还没有眉目，自己的身体倒是先撑不住了，在这个阶段他先后做了两次脊椎手术。不过，即使躺在医院的病床上，马化腾都没有停止对腾讯命运的思考，并对融资方向有了初步的判断。

有一天，马化腾和团队中其他四人在一起开会，讨论下一步的融资计划，他尝试性地提出了一个看法："不知道 IDG（美国国际数据集团）和 PCCW（香港电讯盈科公司）会不会对咱们公司感兴趣。"就是这句话，一下子提醒了曾李青，他一拍大腿猛地站起来，以略带兴奋的语气说道："你一说我想起来了，我有一个朋友就在 IDG 工作，叫刘晓松，他在 IDG 内部还是有些关系的，我去找他试试，说不定能管用！"

很快，曾李青带来了好消息。原来，刘晓松就是一位 QQ 用户，对腾讯有一定了解，对它的发展前景也极为看好。在曾李青主动联系之后，他很快就和 IDG 的高层领导谈了这件事，高层也很感兴趣。与此同时，曾李青还找了另外一位在香港从事通信行业的朋友，请他联系 PCCW，结果，PCCW 对腾讯也非常看好。

接下来，就是艰苦的谈判工作。

在和 IDG 的负责人谈判时，对方问马化腾："你认为你们产品的核心价值是什么？”

马化腾稍作思考后，坚定地回答道：“我们的产品注册用户已经超过了ICQ，而AOL用2.87亿美元收购了ICQ，就是因为ICQ拥有成千上万的用户，所以，我们公司的价值也绝对会超过他们。”

听了这话，IDG的高管被打动了，事后他自己也承认：如果不是马化腾表现出那样的信心，又有理有据地说服自己，也许IDG就不会那么快地决定投资腾讯。

总之，在经过几番艰苦的谈判后，IDG和PCCW都决定投资腾讯，投资金额共计220万美元，同时，他们从腾讯各获得20%的股份，腾讯自己的团队则只剩下60%的股份。

腾讯成功融资后，外界有些人开始猜测马化腾团队会失去对腾讯的控制权，而且，在之后很难保持独立发展。对此，马化腾的回答是：“QQ这款软件正处于成长期，必然需要大量的资本来支持，所以融资是不可避免的。但是，在决定融资之前，我就定下了一条原则，即永远不放松对腾讯的领导权和话语权。如今，虽然引进了外来资本，但腾讯的运营和之前并无区别。事实上，融资只是为了帮助企业摆脱困境，其他地方并没有多大变化。”

马化腾是一位行事十分谨慎的企业家，在选择创业时就谨慎思考了很长时间，融资之后，他显得更加谨慎，腾讯的大小事务他都非常关心，事必躬亲。事实上，这也是创业初期，成功企业家必须具备的一个优点。

在互联网行业，很多企业成功融到资后，往往会想办法尽快花掉，然后再去寻找新的投资方。他们会做大量的广告宣传，或者扩大公司规模，总之，就是想尽办法“烧钱”。然而，马化腾却没有这么做，在拿到投资之后，他反倒是尽量缩减开支，几乎到了精打细算的地步。当然，在该花钱的地方，马化腾丝毫也不吝啬，比如，他利用这笔投资将腾讯的软件和硬件进行了升级，而且添置了一台储量达到200G的IBM服务器。有了这台功能强大的服务器后，马化腾基本上就不用再为疯狂增长的 QQ 注册用户担心了，QQ 的整体运营开始趋于稳定并进入良性发展期。

不过，QQ 的注册用户虽然越来越多，但仍旧没有找到合理的盈利模式，腾讯的经营实质上还是处于“烧钱”阶段，而不是赚钱。IDG 和 PCCW 投资的 220 万美元很快被烧完，因为互联网整体环境的大萧条，这两家投资商也对腾讯的未来产生担忧，而且，对于腾讯越来越多的注册用户的价值，他们也缺乏足够的认识，因此，便没有追加投资。后来，IDG 直接放弃，而 PCCW 的态度则模棱两可，既不说放弃，也不说追加投资。也正是在这种令人备受折磨的情形下，马化腾产生了想要卖掉 QQ 的想法。

眼看着融资之路到了山穷水尽的地步，腾讯快要支撑不下去的时候，一个中文名叫“网大为”的美国人出现在马化腾的办公室，这个人为腾讯和马化腾带来了转机。

网大为当时的身份是 MIH（南非米拉德国际控股集团公司）中国区业务副总裁。对于与腾讯的初次接触，网大为如此回忆：“当时，MIH 希望在中国找一家合作伙伴，借此进入中国市场，所以我便开始留意中国的互联网企业。有一天，我忽然有一个突破性的发现，全中国的互联网都可以通过 QQ 连接起来，这可能是互联网上最核心的资源。所以我非常想认识这家公司的老板，找他谈谈并购的事情。”不过，让网大为郁闷的是他翻遍整个腾讯的网站，结果除了一个 QQ 号竟然找不到马化腾的其他联系方式。不过，这只是一个有趣的小插曲，在网大为费尽周折见到马化腾和他的创业团队后，这个美国人迅速被其魅力所折服，并且敏锐地意识到投资腾讯无论是对自己还是对 MIH 都是一个很不错的机会。于是，网大为开始竭尽全力地在 MIH 总公司与腾讯之间拉线。

几个月后，MIH 投资 3200 万美金从 IDG、PCCW 以及腾讯创业团队手中买下了 46.5% 的股份，这 46.5% 的股份包括 PCCW 的所有股份以及 IDG 的大部分股份，IDG 只剩下 7% 的股份。后来，IDG 持有的 7% 股份被一分为二卖给了腾讯管理层和 MIH，MIH 为此又付出了几百万美元。

在付出了将近半数的股份后，腾讯获得了超过 4000 万美元的现金，这笔钱对于当时处于生死存亡阶段的腾讯来说，是至关重要的，而且，正是通过这笔钱，腾讯最终才得以在香港成功上市。

## 荣耀时刻：成功在香港上市

在获得 MIH 的投资后，马化腾终于不再为钱担心，腾讯也迈入发展的快车道，市场不断扩展，也渐渐找到了盈利模式。与此同时，马化腾还在筹划着另外一件事情，那就是绝大多数有雄心壮志的企业都需要面对的——上市。

在 BAT（百度、阿里巴巴、腾讯）这三驾横行中国互联网的马车中，腾讯是第一家上市的公司。2004 年 6 月 16 日，腾讯在香港联交所正式挂牌交易（交易代码：0700.HK）。腾讯股票的发行价为每股 3.70 港元，以此计算，腾讯的市值达到 62.2 亿港元。上市后，马化腾的财富将近 10 亿港元，副总裁张志东为 4 亿多港元，三位高层陈一丹、曾李青、徐晨晔的财富合计 7 亿港元。此外，腾讯其他七位早期入股的高层共有财富合计近 5 亿港元。上市的一刻，无疑是腾讯的荣耀时刻。

不过，腾讯的上市之路也并非一帆风顺。

2001 年 8 月，腾讯召开股东会议，与会者每人手中都被分到了一个沉重的档案袋，里面全是厚厚的资料。在这次会议上，马化腾正式宣布，腾讯准备赴香港上市，所有人手中档案袋里的就是他们之后能获得的期权，不过，每个人都需要象征性地向公司交纳 1 港元的费用。

马化腾选择在此时公布上市计划，时机还是非常合适的。尽管当时腾讯在经营和管理上都存在弊端，架构上也需要调整、优化，但上市本身能够促进这方面的工作，能够让公司变得更加规范，也会使公司的形象与实力都获得极大的提升。另外，MIH 集团虽然重金投资了腾讯，也表示非常看好马化腾团队的实力以及腾讯的未来，但资本始终是逐利的，他们更渴望尽快得到回报。因此，为了长远计，为了稳定计，腾讯都必须找到属于自己的资本来源，而上市正是最好的选择。

那么，马化腾为什么会选择在香港上市而不是美国纳斯达克呢？要知道，当时美国的互联网行业正处于升温期，如果选择在纳斯达克上市，腾讯估值肯定会高很多，马化腾等创始人也可以赚到更多的钱。其实，原因很简单，那就是在马化腾看来，腾讯上市并非为了短期套现达到圈钱的目的，而是为了可持续发展。比起美国，香港投资者显然更了解腾讯，更明白腾讯的价值。此外，在腾讯上市前，马化腾承诺了全员持股，如果最初估值合理，员工就会获得更多的股票数量，长期来看，增值空间更大，也更有利于腾讯的发展，从这一点上讲，在香港上市比在美国更有优势。

不过，话又说回来，腾讯当时在国内互联网企业中虽然很优秀，但在国外甚至是一河之隔的香港，却还不是太有名气，因此需要找一个有实力的投行来运作这件事情。在认真调查、研究和讨论后，马化腾将目标定在了高盛亚洲投资银行身上，将上市的项目提交给了这家投行驻香港的负责人刘炽平。

刘炽平为人谨慎，在看完腾讯提交的上市项目的资料后，他既没有急于做决定，也没有立刻和腾讯进行深一步的接触，而是选择到网吧进行实地考察，想要弄清楚 QQ 这款产品的受欢迎程度。

刘炽平“微服私访”的消息很快就传到了马化腾耳中。对此，马化腾显得非常自信，别的或许会有所担忧，但对于中国网民对 QQ 的依赖程度，他却是非常了解的。事实也的确如此，刘炽平和他的团队在对众多网吧进行考察后，一下子惊呆了，因为在他们去过的网吧中，一打开电脑的右下角，几乎都有一只甚至几只“企鹅”。当刘炽平询问一些网民关于 QQ 的使用问题时，网民的反馈都非常好，认为 QQ 是自己上网打开最多的应用。此后，刘炽平又通过自己的业务关系，对腾讯的领导层、业务量以及盈利模式等做了全面调查与了解，从而认定腾讯是一家较为成熟的互联网企业，未来会有很大的发展空间，再加上其最大股东是资本实力雄厚的 MIH，于是，果断决定支持腾讯上市。

在刘炽平的努力下，高盛亚洲投资银行成功帮助腾讯在香港上市，这才有了我们本节开篇讲到的腾讯在香港上市的荣耀时刻。可以说，腾讯之所以能成功在香港上市，刘炽平起到了极为关键的作用，而在这个过程中，马化腾也认识到了刘炽平的专业性、国际化视野和快速学习能力，对他的好感日益加深。与此同时，在与腾讯的合作过程中，刘炽平也发现自己慢慢喜欢上了这家企业和它的初始团队：“他们都是一些特别较真儿的人，很单纯……在写招股书的时候，有些部分是例行公事，可是马化腾和其他创始人一字一句地斟酌，有时还会激烈地争论。在对于未来的预测上，他们不愿意写上可能做不到的数字。”2005 年春节后，马化腾向刘炽平伸出橄榄枝，聘请他担任腾讯的首席战略投资官，而刘炽平也果断牺牲了在高盛 2/3 的薪水，正式加盟腾讯。

成功在香港上市后，腾讯的资本已经足够雄厚，在对股权进行了必要的调整之后，马化腾带领下的腾讯开始走上了在互联网领域开疆拓土、攻城略地的扩张之路。在上市之前，腾讯已经拥有一套完整的经营策略，也开始通过网络游戏、无线增值、互联网增值等方式盈利并延伸产业链。马化腾的目标，并不只是打造 QQ 这样一个单纯的聊天工具，在他眼中，未来的腾讯将是一个拥有社交、门户、游戏、搜索以及电子商务等在内的大型互联网综合体。在他看来，上市后，已经积累了庞大用户群的腾讯，将会充分利用好手中的财富，实现滚雪球般的增长。

# PART 2

## 进击——巨头之路

有何胜利可言？挺住就是一切。

——里尔克《祭沃尔夫·卡尔克罗伊德伯爵》

12 年来，我最深刻的体会是，腾讯从来没有哪一天可以高枕无忧，我们每天都如履薄冰，始终担心某个疏漏随时会给我们致命一击，始终担心用户会抛弃我们。因此，我们一直奉行的信条是“一切以用户价值为依归”。我认为，这是腾讯能够一路走来发展壮大的原因，也是互联网经济的核心要素之一。

——马化腾

# 第 4 章

# 亮剑：与 MSN 的狭路相逢

2003 年，当时世界最大的即时通信软件 MSN 踌躇满志地杀入中国市场，开始了与 QQ 的交锋。凭借免费绑定策略，“高富帅”的品牌形象，强大的 Hotmail 邮箱和新闻网站服务，MSN 很快就在商务通信市场上占据一席之地，并对 QQ 造成致命威胁，但最终的结局却是黯然落败，惨淡收场。那么，面对 MSN 这样一个强大的对手，马化腾是如何做到逢敌亮剑、战而胜之的呢？

## 门口的野蛮人——MSN

就在腾讯成功上市，马化腾放开手脚准备大干一番的时候，来自美国的一款 IM（即时聊天）软件以“野蛮人”的姿态进入中国市场,意图与 QQ 一争高下，这款聊天软件就是曾经在国内风靡一时的 MSN。

MSN，全称 Microsoft Service Network，是由全球科技巨头微软发布的一款即时通信软件，用户可以通过此软件与亲人、朋友、工作伙伴进行文字聊天、语音对话、视频会议等即时交流。此外，这款软件还具备邮件接收功能。

同为 IM 软件，相较于 QQ，MSN 的优势在于跟微软 Windows 操作系统的完美绑定，使用户不必再担心装机容量的问题，这在硬盘容量还很小的时代，优势是非常明显的。因为中国 90% 以上的电脑用户用的都是微软的 Windows 操作系统，所以被绑定其中的 MSN 也就比较容易为用户所接受。

在很长一段时间内，MSN 的市场重点一直在欧美国家，直到发现中国互联网的 IM 市场还有很大的挖掘空间，尤其是发现 QQ 开始实行收费政策从而引起网民不满时，才趁机突然杀入。

因为进入过于仓促，MSN 无论是在娱乐频道建设、游戏频道建设还是在其他娱乐性应用上，都远远落后于腾讯。而且，MSN 还有一个致命的缺陷，那就是在操作系统中捆绑 MSN 的做法其实是一种典型的垄断行为，欧美许多国家都曾因此和微软打官司，这在很大程度上限制了微软的市场入侵。如果马化腾对此早有认识，也完全可以通过法律手段让 MSN 大吃苦头甚至迅速落败。不过，马化腾似乎一直低估了这颗定时炸弹的威力，再加上 MSN 在最开始进入的时候，其用户群与 QQ 的用户群并无实质冲突，因此，MSN 得以侥幸存活，并完成在中国市场的推广与宣传，最终发展壮大，给马化腾和腾讯造成了极大的威胁。

2001 年 1 月，MSN 推出了横跨亚洲 6 个国家和地区的最新版本，使 MSN 一下子拥有了韩国、中国香港、中国台湾、新加坡和马来西亚等 33 个市场及 17 个语言版本，一跃成为世界第一网络门户。

到了 2001 年 10 月，微软采取进一步行动，推出中国版的 MSN Explorer 软件，并绑定推出了经过专门定制的中文版 MSN 门户站点的链接——china.msn.com，希望以此抢占中国互联网市场的份额。不久，这一链接也出现在微软中国的官网上。不过，根据有关规定，这个网站在初期运营时不能提供新闻，只能提供技术方面的内容，同时重点介绍微软的产品信息，该网站的托管地也设在美国，这在一定程度上限制了 MSN 的渗透。

因为微软的这一系列动作都是在毫无征兆的前提下进行的，所以，马化腾和腾讯团队一时之间也不知如何应对。尽管媒体当时一直在预测 MSN 将要落地中国，但 MSN 却一次次地予以否认。正所谓“欲擒故纵”，微软对中国市场的确是有很深的研究，他们不会轻易暴露自己的目的，为的就是避免进入中国市场之后陷入同行的围剿。

面对 MSN 的悄然进入，马化腾依然保持镇定，回应说：“有压力是好事，我们会避其锋芒，不会与它硬拼。”微软中国 MSN 事业部总监则表示：“微软非常希望能在中国发展 MSN 业务，目前 MSN 在中国没有正式落地，但已经和一些潜在的合作伙伴商谈战略合作的问题，合作范围包括内容、服务等多个方面。”话虽然这样说，但对于具体如何进入中国市场，微软方面总是三缄其口。此外，当时中国某些媒体与微软之间的一些纠缠也让业界人士有些揣摩不透。

不久，微软宣布放弃赶超美国在线、成为全球最大在线服务提供商的战略，而是制定出使 MSN 成为一家具有全球影响力和号召力的网络门户的最新战略。微软中国相关负责人也在接受媒体采访时表示正在中国寻找合作伙伴，此消息传出之后，微软以 MSN 为利器进军中国网络门户市场的大战略才逐渐明确。

2002 年 10 月 24 日，比尔・盖茨在纽约中央公园参加了 MSN8.0 在美国、加拿大的首发仪式，与此同时，微软 MSN 亚洲区总经理也在北京约见了 5 家专业媒体，完成了 MSN 在中国的首次正式推广。

虽然 MSN 对具体进军计划始终遮遮掩掩，但有一个事实却极为明显，那就是 MSN 已经逐渐得到了中国商务人士和知识阶层的青睐。当然，MSN 并不会满足于此，随着技术上的不断完善，其客户群也开始扩大，这就导致与 QQ 的用户群出现越来越多的重合。2005 年 4 月 7 日，MSN Messenger7.0 版本推出，这个版本侧重于商务与娱乐相结合，而即时聊天软件中的娱乐这一块向来是 QQ 的地盘，并且 MSN 这个版本的设计上和 QQ 也有很多相似之处。就此，MSN 这个“门口的野蛮人”一手挑起了与腾讯的市场争夺战。

## 激战：腾讯推出 TM，收购 Foxmail

2004 年，腾讯推出一款即时通信软件——Tencent Messenger（简称腾讯 TM），从 TM 的定位与产品特色来看，这很明显是马化腾在感受到 MSN 的压力后作出的针锋相对之举。腾讯本来有 QQ 和 RTX 两款即时通信产品，分别针对的是个人和企业市场，腾讯 TM 则主要针对商务用户，而商务用户正是 MSN 的主用户群体。此外，QQ 的娱乐气息太浓，在商务市场上有点不合时宜，当时有很多公司都已经封闭了 QQ 的端口，使得 QQ 逐渐远离了商务人士群，而这一人群显然是更容易带来收益的用户，马化腾自然不愿意拱手让出。腾讯 TM 的推出，无疑表明了腾讯意欲收回失地的企图。

腾讯 TM 可以通过 QQ 号码和手机号码申请，在申请的时候就绑定了手机，以此加强用户“好友”身份的真实性。与此同时，腾讯 TM 没有 QQ 广受诟病的广告骚扰，界面也没 QQ 那么花哨，相对比较简洁，另外还有“智能秘书”“名片”“行业黄页”等商务功能，还可以通过 TM 免费发送短信。这款软件推出后，以极快的速度进入市场，并且取得了不俗的成绩。

2005 年 3 月 16 日，腾讯再次发力，正式宣布收购国内知名邮件客户端 Foxmail，Foxmail 的创始人张小龙及其研发团队 20 余人不久后也都全部并入腾讯。

Foxmail 是中国最著名的软件产品之一，自 1997 年 1.0 版发布以来，在国内外得到迅速传播，是唯一能与微软 Outlook 对抗的邮件处理软件。Foxmail 创始人张小龙也是互联网界的风云人物，微信就是由他一手缔造的，关于他，我们在后文会有专门的讲述，这里先按下不表。

之所以收购 Foxmail，马化腾坦言，“我们看中的是 Foxmail 的技术和客户”。的确，QQ 的邮箱技术在当时跟微软、雅虎、新浪等企业存在较大的差距，而在收购 Foxmail 后，可以给 QQ 带来较大提升，此外，还可以扩大腾讯的产品线。

腾讯收购 Foxmail 的作用堪比微软当年收购 Hotmail。Hotmail 是互联网免费电子邮件提供商之一，世界上的任何人都可以通过网页浏览器对其进行读取，收发电子邮件，它于 1995 年由美国人杰克·史密斯和印度人沙比尔·巴蒂亚建立，并于 1996 年 7 月 4 日（美国独立日）开始商业运作。1997 年末，Hotmail 被微软以 4 亿美元的巨资收购，并由原来运行于 FreeBSD 平台逐步过渡至完全运行于Windows平台，之后还与微软的其他服务合并成为MSN和Windows Live的组成部分，而MSN正是腾讯的劲敌。不过，在对是否会利用Foxmail对抗Hotmail的问题上，马化腾却显得轻描淡写，“还谈不上用这个去对抗微软”。但他也表示，腾讯很在意Foxmail目前拥有的500万用户，因为这都是比较高端的商务用户。“Foxmail对商务用户的吸引力，对腾讯QQ而言是很重要的一点”。

不仅在产品和收购上发力，为了取得和MSN这场战役的胜利，马化腾还联合IBM、金山以及恒基伟业等知名软件公司，形成攻守同盟，为赢得这场战役做好了充分准备。当然，对于腾讯的一举一动，MSN也是看在眼里，伺机寻找着打击QQ乃至决战制胜的机会。

## 联手雅虎，MSN逼宫QQ

作为互联网最流行的应用，IM软件对众多网民来说，使用概率和忠诚度都要比网站、邮箱和论坛等应用高，这也是IM企业如QQ能先于众多互联网企业摆脱烧钱阶段并盈利的关键所在。

国内IM领域,在微信诞生之前,QQ是当之无愧的霸主。在MSN高层看来，想要击败QQ，就要先想办法逼其走互通之路，使QQ用户产生分流。

2005年10月12日，微软与雅虎达成了一项具有里程碑意义的合约，该合约使MSN和雅虎通用户可以实现信息互享。不过，此举并非微软独创，在此之前，网易泡泡与新浪的UC这两大IM软件就曾经试图以此来打破QQ的市场垄断,不过最终未果。此次,MSN和雅虎真正付出了行动。该消息一经传出，就有许多国内 IM 厂商表达了合作意向，希望加入信息互通阵营，联合起来对抗一家独大的 QQ。不得不说，这种市场逼宫颇有威慑力，因为一旦其他厂商全面实现信息互通，那么，腾讯如果不加入其中，就会被视为阻碍亿万网民实现互联互通的“敌人”，给腾讯带来危机之大不言而喻。

面对这种逼宫，马化腾给出的答案很明确，那就是拒绝。这其实并不意外，对于自己辛辛苦苦吸引过来的庞大用户群，腾讯当然不会心甘情愿地让出来共享。一旦选择妥协，腾讯正在推广的商用 TM、网络拍卖、网游等新业务也都将受到严重打击。更重要的是，在当时的 IM 市场，只有处于绝对领先地位的 QQ 实现了盈利，又如何能放弃这大好局面呢。因此，一向温和的马化腾一反常态，态度强硬地公开表示，“让 QQ 无条件地开放，就等于让所有即时通信软件都可以利用 QQ 的用户去盈利，没有这种道理”。

不能接受信息互通，也不能坐以待毙，那就必须奋起反击。

2005 年 10 月 27 日，腾讯成立 7 周年之际，马化腾在北京高调发布了最新产品腾讯 QQ2005 正式版本，这是腾讯首次为 QQ 举行新品发布会，其意义之重大不言而喻。马化腾表示“目前我国即时通信产业已经进入标准时代”，“谁扼住标准的咽喉，谁就可以决胜未来”，而腾讯将成为通信产业标准的“领舞者”。

马化腾提出的这个“标准”概念，很明显就是对 MSN 和雅虎宣布信息互通的回应——不是要让 QQ 也信息互通吗？可以，但是得先看符不符合 QQ 的标准。

马化腾此举的确高明。当时的 IM 市场上，外有 MSN、雅虎等“野蛮人”的虎视眈眈，内有网易泡泡、新浪 UC、金山加加、搜狐搜 Q 等 IM 新秀的围追堵截，在不愿意因为违背信息互通而成为用户之敌的前提下，马化腾挑起行业标准之争，一方面在舆论上抢回了制高点，另一方面也显示了腾讯在技术上的强大信心，这是腾讯当时能杀出重围的最优选择，而事实也证明了这一点。

## 败走麦城，MSN 是如何把一手好牌打烂的

2014 年 8 月 28 日，中国的 MSN 用户收到一封微软 Skype 官方发来的电子邮件，被告知，MSN 中国区服务将于 2014 年 10 月 31 日关闭，建议用户迁移至 Skype，迁移后的原账户及联系人不会丢失。

短短的几行字，宣告了曾经风靡一时的 MSN 彻底退出中国市场。从 2005 年 4 月以全球占有率最高的 IM 软件的身份正式进入中国，到 2014 年黯然退出，在将近 10 年的时间里，MSN 在与腾讯的战斗中最终还是败下阵来。事实上，早在 2010 年，MSN 在中国市场的占有率就从 2006 年的 10.58% 下滑到了 6% 左右，MSN 大中华区的收入还不到其全球收入的 2%，颓势显露无遗，勉强支撑到 2014 年，最终也是无力回天，彻底宣告失败。

在 2014 年 10 月 31 日这一天，微博、微信上诸多网友用各种图片和段子缅怀 MSN 在中国曾经的美好时光，感叹着一个时代的终结。MSN 的没落速度之快堪比诺基亚、HTC，但除引发网民们的伤感和感慨外，业界对此似乎毫不意外。在业界人士看来，MSN 失败的原因很清晰：用户体验不给力，迭代速度过慢，产品始终存在硬伤，在本来就不占优势的中国市场，自然不是马化腾带领下的 QQ 的对手。下面，我们具体分析一下导致 MSN 失败的细节问题，从这些细节中，我们对 MSN 的失败应该会有更直观的感受。

### 大闪 VS 小闪

说到这一点，白领人士应该最有感触。MSN 的对话窗口必须要在 Windows

任务栏里面，假如上班聊天的话，任务栏那里就总会有一堆东西在闪，很容易被路过的同事和老板发现。QQ 则不一样，只在右下角有一个小图标，直接按一个快捷键，窗口就能弹出来。

**文件传送能力差**

IM 的主要用途是聊天，传文件则是一个很重要的辅助功能，在这一点上，MSN 无法实现“断点续传”。此外，MSN 的托管地在美国，网络不稳定，因此文件因为断网等原因没有传过去的话，就得重新传一遍，传输速度也比较慢。反观 QQ，支持断点续传，后来还具备离线传输功能，传送文件尤其是比较大的文件时，要比 MSN 方便很多。

**交友定位的劣势**

在交友定位上，MSN 非常明确，以熟人社交为主，相当于实行实名制，用户必须要知道对方的 ID，否则没办法查找，不会有陌生人去加你，你也没法去加陌生人。QQ 则实行匿名制，还具有查找功能，用户可以根据性别、年龄、地域等条件来查找网友，在交友定位方面，QQ 的优势无疑是明显的。

**没有做好聊天群**

在与 QQ 交战激烈的那些年，MSN 的聊天群一直没有做好，而 QQ 群则是优势明显。MSN 的 Spaces 有一段时间也非常流行，而且能把用户文章的标题放到签名里面来滚动更新，比 QQ 的同类产品“说说”还要早一些时间。但遗憾的是，类似这样的优秀产品都是 MSN 已经日渐式微的时候才做出来的，难以挽回大势。

**太过傲慢**

MSN 倚仗的 IT 巨人微软，而习惯复制软件行业“赢家通吃”规则的微软，从来都以为自己在软件市场上的地位不可撼动。因此，MSN 始终保持着一种傲慢的态度，不愿意随着互联网的发展做出变革，而是坚持自身产品，坚持原有模式，比如，MSN 注册烦琐，用户屡次反映，微软却始终不做出改进。

**产品缺陷**

实事求是地说，在产品提升上，MSN 也一直在不断尝试改进，然而，与同期的 QQ 相比，却始终显得非常缓慢、体验感差，饱受用户诟病的问题主要有广告多、功能少。此外，QQ 里诸如视频通话、截屏等功能也都无法在 MSN 中得到很好的体验。

# 第5章

## 发力：推出QQ空间，社交领域的一骑绝尘

没有多少人会认为QQ空间是世界上最成功的线上社交社区——这个荣誉属于Facebook，但在微信诞生之前，QQ空间是中国最成功的社交社区，这恐怕是难以反驳的。在很长一段时间里，QQ空间对于马化腾的意义很可能只在QQ之下。作为即时通信软件，QQ让好友间可以随时沟通，QQ空间则是一个重社交的工具，能够让好友间随时进一步了解彼此的动向，更重要的是，QQ空间内嵌的收费项目曾经是腾讯的主要营收来源，如《QQ农场》。

## 圈地为王，我有我空间

2005年，当QQ与MSN在IM市场激战正酣时，QQ空间这个对腾讯有着非凡意义的社交网络“怪兽”正式诞生了。

QQ空间是一款比较奇特的产品，第一次用的时候，很多人感觉界面比较乱，像个大杂烩，但事实上，它早就已经形成了一个巨大的社交帝国。在QQ空间上，用户可以书写日志、写说说，上传用户个人的图片，听音乐，写心情，通过多种方式展现自己。除此之外，用户还可以根据个人的喜爱设定空间的背景、小挂件等，从而使每个空间都有自己的特色。当然，QQ空间还为精通网页的用户提供了高级的功能：可以通过编写各种各样的代码来打造个人主页。

很多“80后”用户可能还记得QQ面板上的“小窝”，那就是QQ空间最早推出时的形态，一项基于QQ的增值服务，并不是平台级产品。2006年前后，博客和Web2.0（由用户主导而生成的内容互联网产品模式）成为互联网热词。也就是在这一时期，刚接手QQ空间的郑志昊推出了兼容博客和Web2.0形态的QQ空间，这是QQ空间的第一次转型。在转型后的QQ空间里，用户可以根据自己的喜好和需求来装扮空间，曾经风靡一时的火星文等非主流文化就是在 QQ 空间兴起的。第一次转型使得 QQ 空间开始具有一个平台级应用的雏形，最显著的特征是用户开始沉淀。2006 年底，QQ 空间同时在线用户数突破 100 万，而整个 2007 年，QQ 空间的月活跃用户突破 1 亿。在 QQ 空间，用户找到了一种家的感觉。与此同时，国内同类产品也发展起来，51.com、人人网（原校内网）和百度空间开始同 QQ 空间抢夺用户。当时，“我的主页”“我的空间”这种以“我”为中心的产品设计思维成为众多互联网社交类产品的主流思维。

2008 年，以“我们”为中心的 SNS（专指社交网络服务，包括社交软件和社交网站）时代悄然逼近，当众多国内互联网公司还在持观望态度，不知是否应该发力 SNS 时，QQ 空间迅速开启了第二次产品战略转型。在互联网行业，“快”是永恒的法则，正如一句互联网名言所说，“站在风口上，猪也能飞起来”，QQ 空间正是凭借着这次迅速迭代，最终又抓住了独占鳌头的先机。

QQ 空间的背后，有一个强大的极客团队。在这个团队中，有人利用业余时间开发了一款 APP，结果一度登上该类产品排行榜首位；有人下班回家后，喜欢焊制一个绑在风筝上的航拍器；有人纠集一帮同事做起了“技术慈善”；QQ 空间的技术总监黄希彤，经历极富传奇性，做过钳工和木工，出过国，进入腾讯后从基层做起，一路升至腾讯首位前端工程师；运营骨干刘镇伟大学没毕业就进入腾讯，从普通客服华丽逆袭，成长为高级运营经理，被誉为“励志哥”……这群人，是一帮真正的技术“怪咖”。

当然，这个团队的领导人物还是郑志昊。郑志昊在美国硅谷工作过一段时间，这让他养成了一种海归派作风，生活讲究品位，喜欢自己煮咖啡，喜欢工作，也喜欢玩。刚回到国内时，郑志昊在 MSN 工作，负责 MSN Spaces 和 MSN Shopping 两个产品。有一次，郑志昊陪同美国上司走进一家网吧调研，结果，网吧内浑浊的空气和嘈杂的环境很快就让这位微软高层狼狈退出。郑志昊觉得，国际互联网公司已经跟不上中国互联网市场的变化，很难融入中国互联网的用户场景。于是，2006 年，郑志昊离开了 MSN，转而加入腾讯，负责 QQ 空间的开发和运营。此后，他率领 QQ 空间团队一路狂奔，QQ 空间的形态由“小窝”到“空间”再到 SNS，几经升级，月活跃用户从 100 万人飙升至 6 亿多人，51.com、人人网、开心网等竞争对手日渐走向式微，只有 QQ 空间长时间如日中天。2013 年，郑志昊被升职为腾讯副总裁，分管社交平台和开放平台，这次升职无疑是马化等腾讯高层对 QQ 空间的高度认可。

在腾讯的开放平台中，QQ 空间是首个被开放的，一度也是最大的开放平台，无论是收入还是与第三方的分成，都在很长时间里占据着第一的位置。如今，随着微信、腾讯游戏以及其他众多主打产品的出现，QQ 空间风头不再，但它在腾讯整个发展过程中所起到的关键作用却是永远不容忽视的。

## 与 51.com 翻脸

对于现在的大多数年轻人来说，或许只知道 QQ 空间而不知道 51.com。事实上，51.com 和 QQ 空间都是 2005 年推出的，且一度是 QQ 空间的主要竞争对手，曾给马化腾和腾讯造成了巨大的竞争压力。而要了解 51.com，就必须先从它的 CEO 庞升东说起。

庞升东，1977 年出生于浙江天台的一个普通农村家庭，大学就读于宁波大学工商经济系，毕业后曾先后就职于马云创办的“中国黄页”、宁波市信息中心。1999 年 5 月，庞升东建立了第一个个人网站“女人的奥秘”，以性爱内容为主，主要宣传方式是垃圾邮件，效果显著，积累了庞大的日访问量。

2005 年 3 月，自称靠证券和地产赚得第一桶金的庞升东把家搬到了上海，并在上海创办了 9991.com 导航网站。不久，庞升东耗资 98 万元买下了域名 51.com，创下了国内域名收购价的最高纪录。2005 年 8 月 18 日，51.com 正式推出个人站。2005 年 12 月，51.com 跃入世界权威媒体调查机构 ALEXA 评选的全球网站 500 强。

51.com（以下简称“51”）创立后不久，庞升东曾受邀参观腾讯深圳总部，与包括马化腾在内的腾讯高层深入交流之后，他“心情复杂，很多天都睡不好觉”。那时，在庞升东心里，就打定了学习和模仿 QQ 的主意。

不过，在庞升东看来，完全复制 QQ 的模式是没有出路的，只能仰人鼻息，在马化腾的阴影下苟活，但是，如果能抓住 QQ 庞大产品线的某一个环节加以“发扬光大”，很可能会找到一些机会。在经过深入思考以及与合伙人的充分讨论后，庞升东将目光锁在了 QQ 空间上，想要以 QQ 空间为模仿对象，打造 51 的个人空间。尽管想法很美好，但由于实力上的差距，做起来并不容易。QQ 庞大的用户群使得 QQ 空间具备任何对手都无可比拟的优势，而 51 则需要从零开始。

51 首先将发力点放在了照片上，率先开发了“视频认证”功能：用户可以用摄像头拍下自己的头像，相关工作人员会对真人与照片进行认证，然后在头像下面出现一个粉色的认证标志。这一点并不难办到，因为当时网吧里的电脑几乎必配摄像头。当业界还在探讨用户是否应该使用真实身份上网时，51 很讨巧地解决了这个问题：只要对方能确定网络另一端的面孔是真实的，就会消除很多顾虑。

在营销上，51 的手段也极为巧妙，比如，用户登录 51 管理中心页面后，会收到一个系统提示：“为便于您的记忆，请将您的主页地址填在 QQ 资料里，这样还能给您的主页增加访问量”。这样，就间接地利用了 QQ 这个超级平台。网吧也是 51 的营销重点，庞升东很早就建立起了深入地市级网吧的推广团队，在网吧内提供 51 文化衫、51 鼠标垫、5l 海报等产品，创造与用户直接“对接”

的机会。此外，51 还效仿 QQ 秀、QQ 商城模式，推出了类似的“51 秀”“51 商城”等，同样需要用户通过货币充值的形式购买。在全国 80% 的网吧，网民可以通过 51 特定的分销渠道购买到充值卡，这就扩大了 51 在网吧的影响力。

虽然是在复制 QQ 空间的模式，但 51 也有自己创新的地方，比如，比 QQ 空间抢先推出一些有趣的应用，这为用户带来了很好的体验。而且，即便是完全一样的产品，51 也会提供一些吸引用户的独特功能，比如“在线大头照拍摄”“给网友照片打分”等，都是 51 比腾讯领先的地方。

为了更好地模仿和学习，庞升东甚至开始直接从腾讯挖人。51 挖过去的人薪水比在腾讯高很多，并且庞升东很会礼贤下士，给要挖的腾讯员工购买来回机票，让他们去 51 面试，并会亲自去机场迎接。到 2008 年底，已有数十名腾讯员工加盟到了 51。

对于 51 的模仿行为甚至是挖角，马化腾最初似乎没有太在意，不但没有采取多少针锋相对的行动，甚至在口头上都从未表示过任何不满。而且，让许多业内人士大跌眼镜的是，2007 年，庞升东还被马化腾邀请到腾讯北京分部做了一次演讲。

不过，随着一款由 51 开发的叫作彩虹 QQ 软件的出现，马化腾与庞升东、腾讯与 51 之间这种看似和谐的局面被打破了。2008 年 11 月中旬，腾讯突然宣布将大规模强制卸载彩虹外挂。不仅如此，马化腾还专门在腾讯内部组建了针对 51 的团队，开始搜集证据，准备起诉 51。让人意外的是，庞升东很快做出了让步，在 2008 年 12 月 16 日的一份公开声明中表示，51 将放弃继续开发彩虹 QQ，公司的整个业务也将做出重大调整。庞升东此举不管是出于何种理由，都无疑等于宣告了 51 在这场纷争中的落败。

那么，回过头来看，一个小小的外挂软件，为何会让腾讯一反常态，突然与 51 翻脸呢？这其实并不是偶然，主要是因为彩虹 QQ 触及了腾讯的根本——用户。此前，虽然同处社交网络领域，拥有相同的消费群体和业务种类，但因为处在不同途径的客户端，所以两家能够共存。而 51 对于 QQ 空间的模仿虽然强化了其在网页型 SNS 领域的竞争优势，但并不对 QQ 本身构成重大威胁。但是，51 的彩虹外挂却触及了腾讯的根基和命脉。在马化腾的布局中，QQ 软件及其所承载的用户是根本所在，是腾讯所有增值业务的载体，QQ 空间本质上只是 QQ 这一聊天工具的衍生物。对于腾讯来说，只要用户在，无论竞争对手对其业务如何模仿，都不能对其造成太大的威胁。但彩虹 QQ 依靠外挂功能成功吸引了大量用户，如果不加以应对，必然导致用户流失，腾讯的根基就会受到严重威胁。如此在太岁头上动土，马化腾即便脾气再好，也不可能熟视无睹，翻脸自然就是不可避免的了。

## 内嵌《QQ 农场》，风靡全国的“偷菜”游戏

2009 年，以“偷菜”为主要内容的《QQ 农场》风靡全国。那段时间，打开电脑迅速登录 QQ，看看谁偷了自己的菜，谁的菜可以偷，谁的菜需要驱虫、拔草，谁又生气地给我留言……成了很多学生党和上班族最主要的日常活动。

《QQ 农场》的成功，有其必然性，也有其偶然性。

早在 2008 年 11 月之前，一家叫“五分钟”的游戏公司就开发出了名为《开心农场》的游戏。2008 年 11 月，人人网将《开心农场》游戏引入网站，结果在短短一周的时间内，该款游戏就挤进人人网的插件应用前十名，并很快攀升到了第一的位置，活跃用户突破 100 万人。此外，《开心农场》在 SNS 网站鼻祖 Facebook 网站上线仅两个月，也获得了 70 万人的日在线用户。

增长迅猛的用户数量、巨大的利润空间令无数人心动。《开心农场》一经

推出，就迅速成为被模仿最多的游戏，不仅在国内，在海外也有大量模仿者。马化腾当然也嗅到了其中的商机，于是花巨资一次性买断了《开心农场》在QQ平台上的使用权，并改名为《QQ农场》。

2009年4月,《QQ农场》正式上线，凭借QQ庞大的用户群，腾讯将《QQ农场》在全国范围内一举捧红，到朋友的《QQ农场》里偷菜，在当时成为一种流行，偷菜游戏这才真正大红大紫!

《开心农场》的主要营收方式不是传统的互联网广告植入，而是依靠卖游戏道具。在这种模式中，用户玩游戏是免费的，但对于一些级别较高的玩家而言，如果希望获得比别人更多的优势，就可以借助平台方提供的支付方式来购买道具。马化腾也将这一套搬到了《QQ农场》中，而且，因为有Q币这种支付形式的存在,在《QQ农场》购买道具要更为方便。《QQ农场》最火爆的时候，能给腾讯带来每月高达5000万元左右的营收。

全民偷菜,甚至有人定好半夜的闹钟掐时间起来偷菜,以致“男子网上‘偷菜’上瘾，结果现实中偷菜被拘留”“女子痴迷半夜‘偷菜’，被老公赶出家门”“‘《QQ农场》’忘偷菜，怀孕女子被男友抛弃”的新闻屡屡见诸媒体。实现自我价值,释放潜意识需求,马化腾再一次号准了中国网民的脉。《QQ农场》引发的偷菜狂潮，其势头之猛，受欢迎程度之高，出乎很多人的意料。

《QQ农场》为什么如此火爆？数以千万计的用户为什么会对一款操作极其简单的游戏迅速痴迷呢？一位游戏玩家的说法很具有代表性，他说：“第一，我们内心深处都渴望在乡间拥有一片蓝天、一块菜地，但这个基本上永远成不了现实，只能在虚拟世界中获得满足；第二，充满了成就感，这种游戏带来的成就感在现实生活中是无法实现的。”

在《QQ农场》中，玩家扮演一个农场的经营者，完成从购买种子到耕种、浇水、施肥、喷农药、收获果实的整个过程。游戏极具趣味地模拟了农作物的成长过程，玩家在经营农场的同时，也可以感受到“作物养成”带来的乐趣。

游戏中，玩家不仅可以对自己的农作物进行完整的操作，也可以对好友的农作物实施一定操作，也就是说，既可以成为一名帮助好友的“大好人”，也可以成为一名专搞破坏的“大恶人”。这种情景在现实中是无法设置的，而游戏中却可以实现，因而能够给玩家带来强烈的沉浸感。

不过，《QQ 农场》只是一款阶段性的游戏，伴随网络游戏的发展，竞技类游戏的风靡，这款游戏的火爆注定不会长久。对此，马化腾自然早有认识，他之所以不惜巨资买断《开心农场》的使用权，是想通过此举抢占 SNS 未来的市场份额。作为承载《QQ 农场》的壳体，QQ 空间的可持续发展才是马化腾真正看重的。

## 狙击猫扑，与陈一舟的公关战

陈一舟，湖北武汉人，1987 年考入武汉大学物理系计算机专业，是小米科技创始人雷军的大学同学。1993 年，陈一舟进入麻省理工学院机械工程系学习，1995 年，获得麻省理工学院机械工程系硕士学位；1997 年，进入斯坦福大学攻读 MBA 及机电工程双硕士学位；1999 年，获得斯坦福大学商学院的 MBA 学位。

1999 年 6 月，陈一舟与他在斯坦福的同学杨宁、周云帆回国，在北京创办了曾经大名鼎鼎的中文社区网站 ChinaRen.com。2000 年，互联网泡沫开始破灭，ChinaRen 没能抗过这轮风暴，最终出售给了搜狐。陈一舟在搜狐公司副总裁的位置上待了半年后，返美进行第二次创业，将方向定在光通信领域。但在新公司发展的关键期，“9・11”事件一下子将美国经济打入严冬，陈一舟再次创业失败。

两次创业失败促使陈一舟开始思考自己的未来，那段时间，他几乎每天都将自己关在家中，闭门读书，整理思路，过了半年之久，才彻底缓过来。同一时期，中国互联网产业开始回暖，这让陈一舟看到了东山再起的机会。2002年11月，陈一舟带着30万美元投资再次回到国内，创办了邀发短信科技发展（北京）有限公司。公司运营渐渐好转后，陈一舟再次看到了社区网站的力量。于是，他成立了千橡互动公司，并推出DuDu网。此后，陈一舟开始了狂飙突进的业务扩张和收购，其中，最成功的当属收购猫扑（MOP）。

猫扑是一个风格另类的社区网站，颇具有恶搞精神。最开始，陈一舟是在自己员工的推荐下上的猫扑网，结果很快就被猫扑的风格打动了，这个以用户极具跳跃思维著称的社区网深深地吸引了他，在观察了一年左右后，他果断出手,将猫扑收入旗下。在接受《中国企业家》杂志的记者采访时,陈一舟回忆道："猫扑上的一群老用户非常有创新精神，回帖不按常理出牌，非常有娱乐价值，看一个帖子有的需要小半天时间。它的精华帖，不得了，好看得很。"在收购不到两年的时间内，猫扑注册用户达到近2000万人，日平均浏览量7500多万次，世界排名由2000多位上升到40多位，被誉为"中国第一互动娱乐门户"。

因为猫扑的受众和QQ空间基本上一致，因此，后者也就不可避免地感受到猫扑带来的竞争压力，并果断先发制人，采取了狙击措施。在千橡准备转型为门户网站、猫扑准备上市的时候，腾讯搞了一个名为"MOP七宗罪"的头条专题，公之于众。由此，陈一舟和马化腾的恩怨拉开了大幕。

实事求是地说，腾讯借用自家媒体攻击竞争对手的做法是犯忌的，这就像拥有核武器的国家宣布对他国动武一样，很容易引起争议和攻讦。而令人吃惊的是，这件事情竟然是马化腾首肯并直接指挥的，或许，猫扑当时带给QQ空间的压力实在是太大了吧！

最后，猫扑的上市计划宣告"流产"。需要指出的是，这个结果与腾讯的狙击有一定关系，但没有直接关系，更多的是一些外界因素的影响。2006 年前后，互联网大环境巨变，尤其是反流氓软件运动的发起，以及移动等电信运营商极其苛刻的短信新政策，都让猫扑发展受挫，收入直线下降，这才导致了上市计划流产的结果。

2006 年 6 月中旬，腾讯还曾因为一场公关战将千橡告上法庭。事情的经过大致是这样的：2006 年 5 月 30 日，千橡旗下的网站 DoNews 出现了分别题为《原来骂淘宝的声音是腾讯这样策划出来的》《调查：你相信马化腾雇用“网络打手”攻击淘宝吗》的两篇匿名文章，文章的主要意思都是说腾讯托某公关公司策划并实施了对淘宝网的攻击，而且后一篇文章发起了 4 个选项的投票。此外，这两篇文章在 DoNews 网站的写作社区栏目中设有直接链接，其中一篇更是被置顶。在得知此事后，腾讯没有丝毫纵容，于 6 月 1 日委托律师向千橡公司发出律师函，要求千橡立即删除上述两篇匿名文章。其后 DoNews 网的管理员解除了置顶，但一直未予彻底删除这两篇文章。6 月 6 日，DoNews 网站中又出现一篇标题为《历数腾讯 10 宗罪，五马分尸马化腾》的文章，对马化腾本人进行人身攻击。6 月 9 日，腾讯委托律师再次向千橡公司发出律师函，称该文内容纯属捏造和散布虚假信息，要求立即删除，但这个合理要求还是被置之不理。面对一连三篇的攻击性极强的文章，马化腾忍无可忍，认定千橡严重侵犯了自己的名誉权，于是腾讯向法院起诉，要求千橡赔偿经济损失 500 万元，并依法承担相应的责任。

对于腾讯的诉讼，千橡也迅速做出了回应声明，表示千橡集团及 DoNews 并没有收到来自腾讯针对此事件真伪的说明和证明，而是只收到了腾讯发出的措辞严厉、恐吓意味明显的律师函。此外，千橡公司还表明 DoNcws 是一个自由交流的平台，尊重包括腾讯在内的每一位发言者的权利，也给了争议双方充分表达自我观点的空间和平台，DoNews 无权删除任何一名网友未被证明失实的言论。

对于几篇文章的来源，声明中说，“5月30日，《腾讯网络论坛公关代理协议》首先被其他论坛用户‘雷媚’发布在某论坛上。随后，有用户匿名将此帖发布在了 DoNews 论坛里。同一天，即有用户在 DoNews 上匿名发布《调查：你相信马化腾雇用‘网络打手’攻击淘宝吗》”。

之后，千橡又将腾讯公关公司德盛嘉会发来的声明《坚持保留诉诸法律解决的权利》和腾讯拍拍的《腾讯拍拍关于恶意中伤谣言的严正声明》的律师函同样放在了首页上，让用户充分表达想法。千橡认为，自身的这些行为没有偏袒或是故意针对谁，只是起到了自身作为平等交流平台的作用。然而，腾讯却不这样认为，律师函中的一句“DoNews 网站管理员将该匿名文章置顶，并组织进行网上调查将影响进一步扩大”表明了腾讯的态度，认为千橡是有意将事态扩散。

令人感到意外的是，这场官司有些雷声大雨点小，最后的结果是还没开打就结束了，被无限期地搁置了下去。或许，马化腾只是想用打官司的方式表达腾讯强硬的态度吧！

# 第 6 章

# 败局：拍拍网被谁“拍”死了

拍拍网曾被马化腾寄予厚望，是其用来对抗淘宝的一颗重要棋子，但最终却以失败而告终。这场失败对想要在电子商务领域分一杯羹的马化腾而言，打击无疑是巨大的。不过，这次失败并非全无意义，它换来的是马化腾和刘强东的合作，是“腾讯 + 京东”这样一个庞大电商巨头。与刘强东合作，宣告了马化腾壮士断腕——决定放弃腾讯不占优势的自有电商业务，通过投资手段来“曲线救国”，以与马云这个强大的对手继续抗衡。

## 马化腾 VS 马云：互联网大潮前的平行世界

马化腾 VS 马云，这或许是当今中国商界实力最为强大、竞争最为激烈的两大企业家。为了打造属于自身企业的生态和体系，他们彼此不得不迈向对方的地盘，展开激烈的交战。可事实上，在互联网大潮席卷中国之前，这两位企业家可以说是处于平行世界中，用“井水不犯河水”来形容也毫不夸张。

马化腾最初与马云这个“一生之敌”的交集或许就是都姓马而已。马云大学毕业后，进入杭州电子科技大学当英语老师，五年后辞职，踏上创业征程；马化腾从深圳大学毕业后，选择成为一名上班族，同样是五年后开始创业。进入 21 世纪后，随着互联网逐渐普及，QQ 成为人们在互联网生活中最为熟悉的应用，阿里巴巴或者创业者马云也渐渐为人们所熟知。在这个过程中，一个在改革开放的窗口深圳，一个在风景幽美的西子湖畔杭州，相隔千里的两个人基本没有什么交集，在各自的领域做着自己的事情。

随着各自的事业渐入佳境以及互联网行业的融汇与碰撞，马化腾知道了阿里巴巴和马云的大名，马云也知道在深圳有一家叫腾讯的公司，有一个叫马化腾的企业家。不过，因为两个人的性格和人际圈子的不同，业务方向也不一样，所以，在这一段时间里，他们也就是彼此闻名，唯一一次见面或许就是在马云组织的 2002 年第三届“西湖论剑”大会上。

2002 年的“西湖论剑”，因为三大门户网站还没有从互联网的寒冬中彻底苏醒过来，其掌门人都拒绝参加，所以，马云不得不退而求其次，邀请到杭州的 5 位嘉宾全部是新面孔：搜索网站 3721 的周鸿祎、求职网站前程无忧的甄荣辉、游戏平台联众的鲍岳桥、在线旅游网站携程网的梁建章，以及马化腾。这五人被认为是互联网泡沫破灭后的幸存者，也是当时互联网业界的“二线人物”，被戏称为“五小龙”。

在这次“西湖论剑”大会上，马化腾的表现并不突出，没有引发媒体的热情，杭州《钱江晚报》记者在一篇报道中只是略微提了一下他：“马化腾，作为 QQ 的创造者，被冠以‘QQ 先生’的称号。”的确，和 QQ 给人们带来的先锋、前卫的感觉不一样，马化腾完全称不上新潮，尽管西装笔挺的他看上去年轻有为，那副金丝眼镜也平添了几分理工学霸的气息，但怎么看都不像是创造出 QQ 的网络奇人。或许，只有当时脖子上挂的那条红围巾，让他看起来有点“QQ 之父”的范儿。

在这次大会上，马化腾与马云有着怎样的交流与沟通，是相见恨晚，还是逢场应酬，并没有文字记录或者当事人的描述，所以，我们无从得知。这与马化腾低调内敛的性格有关，也与两家企业在当时并没有多少可制造的冲突话题有关。值得一提的是，在这次大会上，马化腾的另一位宿敌周鸿祎却是露足了脸。与拘谨寡言的马化腾相比，周鸿祎要显得活泼得多，经常能妙语连珠，赢得掌声一片。在大会论坛上，周鸿祎还调侃马化腾说：“我们 5 个人中，只有马化腾最不成熟了。”

创业之初，马云与马化腾仿如平行世界的两个人，这是因为大家做的不是一件事，自然各行其道。但是，互联网最大的特性是开放，开放就必然会产生竞争。随着中国互联网的迅猛发展和逐渐成熟，腾讯与阿里的业务都开始不断延伸，逐渐就有了冲突与交锋。双方第一次正面交锋应该是腾讯开始染指电商成立拍拍网之时，那是在2006年，淘宝网已经成立三年，拍拍网则刚刚投入运营。第一次交锋，双方就打出了火气，在当时的互联网界搞出了不小的动静，大战的序幕就此拉开。

## 建立拍拍网，“二马”同槽难相容

2005年9月12日，马化腾推出了腾讯的电商平台拍拍网，开始试运营。为了提高产品的自主权和交易的安全性，腾讯还研发了一款与支付宝类似的电子货币支付软件财付通。2006年3月13日，拍拍网正式投入运营。

选择在2006年进入电商领域，对马化腾来说是有一定风险的，因为成立三年的淘宝已经在电商领域做得风生水起，而另一家电商eBay易趣虽然正在遭受淘宝的猛烈狙击，但因为背靠国际电商巨头eBay，实力也是极为强劲，因此，在这一阶段入局电商，面对的竞争压力是非常大的。不过，马化腾也有自身的优势，那就是大量的QQ注册用户，在试运营阶段，拍拍网正是凭此取得了不俗的成绩。

在试运营阶段，马化腾的目的是想测试一下用户对拍拍网这个电商新军的体验感，假如各项指标都能让用户感到满意，那么，拍拍网就会迅速投入运营。为此，马化腾不仅在拍拍网上亲自给全体网友发了一封公开信以营造亲近感，腾讯还多次进行问卷调查，不断优化拍拍网，比如，在问卷调查中得知用户在购买商品时希望能和商家进行简洁有效的沟通后，腾讯迅速简化了沟通流程，毕竟，即时沟通本就是腾讯的看家本领。

用户是腾讯的根本与核心，马化腾在对待用户体验这个问题上向来谨慎，所以，即便是试运营阶段一切顺利，拍拍网还是在半年之后才开始正式上线运营。

在QQ当时1.7亿活跃用户的助力下，拍拍网开局极为顺利，投入运营不久，即拥有了900万注册用户，网站的访问量虽不及淘宝和eBay易趣，但也达到了整个电商行业的领先水平。2006年，中国的C2C市场，淘宝、eBay易趣两大行业巨头已经占据了80%以上的份额，业界人士普遍认为，后来者很难再有开拓。不过，马化腾却不这样看，他觉得电商行业尤其是C2C市场还有很多没有挖掘出来的用户价值。

马化腾之所以如此自信，与腾讯所取得的成绩有直接关系。在当时的中国互联网行业，腾讯这只“凶猛的企鹅”已经打倒了无数对手，也复制出了无数的成功。从社交到游戏，从门户到搜索引擎，从输入法到下载工具，无一不体现出马化腾外表温文尔雅、内里凌厉强势的竞争风格。所以，在电商领域，尽管是后来者，但面对淘宝、eBay易趣这样强大的竞争对手，马化腾也是丝毫不怵，或许在他看来，凭借QQ几亿的用户，虽谈不上击败对手，但从中抢得一块蛋糕应该不算困难。

拍拍网作为电商平台，在技术上也是很先进的，尤其是拍拍网2.0版，其与QQ的整合程度几乎达到了完全不受浏览器束缚的程度：拍拍网将商品介绍整合到QQ好友的头像信息中，假如买家对商品感兴趣，只要点击一下头像即可进入网店，然后再通过QQ与卖家洽谈购买的具体事宜，交易完成后，买家给商品、服务及物流的评价能够即时反映到卖家的QQ资料上。此外，卖家还可以将买家列为VIP客户，在下次交易时为其提供优惠价格。

长久以来，马化腾率领下的腾讯在进入某一领域时，都有一个固定的手段，那就是从竞争对手那里挖来能让自己迅速变得强大的人才，进入电商领域也是如此。拍拍网上线后，就有不少淘宝和eBay易趣的员工流入腾讯拍拍网团队，其中不乏骨干人才。而且，马化腾表示，拍拍网的队伍还将继续壮大，言外之意，挖人短时间内不会停止，这一点无疑让同行们紧张不已。

当时，电商市场本就竞争激烈，淘宝和 eBay 易趣尚未完全分出胜负，马化腾于此时强势进入，马云自然也是压力倍增。“二马”同槽，势必难以相容。

## 狙击“招财进宝”，拍拍网旗开得胜

2006 年 5 月 10 日，在与 eBay 易趣的竞争中占据绝对优势后，淘宝开始尝试向卖家收费，推出了酝酿已久的竞价排名服务“招财进宝”。通过这项服务，卖家可以花钱买一个“推荐位”，让自己的商品出现在淘宝网浏览量最大的位置上，以利于商品销售。

推出“招财进宝”这项服务，马云的初衷是好的。马云说：“虽然‘招财进宝’存在一些缺陷，我们正在不断完善，但它的思路是对的，收费也很合理。”马云称，在“招财进宝”推出前，一些卖家给他写了很多信，表示愿意花点钱来让自己的商品排在前面。经过考虑，他们决定推出这个排名系统。“淘宝目前有2800万件商品，日交易量达4700万元，如果没有搜索，买家很难去寻找商品。”而搜索必然会牵涉排名，“价格是相对客观的排名标准”，马云称，如果排名不收费，那么为了争第一排位，卖家会疯狂做假获得交易量，搜索将会乱套。

淘宝网这项有偿增值服务被众多网民认为是“变相收费”，一些卖家联合酝酿于 2006 年 6 月 1 日集体罢市以表抗议，有很多卖家甚至威胁说如果淘宝网不取消“招财进宝”，将跳槽到其他的电商网站。

本来，拍拍网开局虽然顺利，但在淘宝面前还没有太大的竞争力，直到“招财进宝”事件的爆发。这次事件为拍拍网提供了一个千载难逢的好机会，马化腾自然不可能放过。

就在“招财进宝”引起卖家强烈反对时，马化腾向外宣布，拍拍网将施行终身免费制度，并围绕这项制度推出了一系列政策和服务，其中，一项名为“蚂蚁搬家”的服务更是直接针对淘宝，打出了“大雨来袭，蚂蚁搬家”的广告词，而蚂蚁正是淘宝当时的吉祥物（后改为“淘公仔”）。很明显，马化腾是想以此吸引淘宝卖家入驻。更夸张的是，拍拍网在其首页位置还设置了“淘宝店主搬家签到处”，打出了“将免费进行到底”的旗号，另外，还声称卖家如果能够证明自己是淘宝网商户，就可以得到购物券以及黄金摊位，开张的时候还能得到拍拍网发的大红包，在淘宝积累的信用度也都可以转到拍拍网中。

马化腾所采取的一系列商业措施使得拍拍网在电子商务市场引起了轰动，人气开始飙升，很多淘宝商户甚至直接打出了“本店迁移拍拍，请您移步购买”的通知，这在很大程度上是对淘宝商户罢市的支持，“招财进宝”事件顺利解决的难度由此变得更大，毕竟，商户有了退路，自然也就有了和淘宝对抗的本钱。

2006 年 6 月 1 日，马云决定在淘宝网上公开投票来决定“招财讲宝”的去留，短短半天时间，就有 9 万余人参与投票。从当天的结果来看，选择“对招财进宝进行不断的完善，保留招财进宝”的占 38%，选择“目前不完全适合淘宝，取消招财进宝”的占 62%。最终，淘宝网决定取消“招财进宝”，并将其间所收取的费用全部退还。

淘宝网停止“招财进宝”服务，除自身所存在的种种问题外，与腾讯拍拍网之间竞争也是重要因素。除了上文所讲的马化腾所采用的商业手法，据马云事后向媒体透露，2006 年初，在拍拍网试运营阶段，淘宝网总裁孙彤宇就曾经和马化腾发生过激烈争吵，主要是因为拍拍网从淘宝网挖人以及淘宝网的反制手段。

“我自己认为挖人很累，互联网同行竞争应该遵守一定的游戏规则，光靠挖人很难做到创新。而现在腾讯拍拍网最大的问题就是没有创新，所有的东西都是抄来的。”言谈之间，马云毫不掩饰对马化腾和腾讯拍拍网的指责。马云还表示，2006 年网商大会他还会请马化腾来参加，但来不来要看对方的态度，“竞争是一种游戏，马化腾这招用得很好，这就是竞争的味道”。马云的话中很明显有着浓浓的火药味,后来阿里与腾讯在多个层面展开激烈甚至惨烈的竞争，和拍拍网与淘宝网的这一战有着莫大的关系。

对于马云的指责，马化腾自然不愿意接受，他随后对外表示，同一个行业内，人才流动是很正常的，尤其是互联网行业，相互挖人本就屡见不鲜。针对马云所说的“拍拍网抄袭”，他表示，在国际互联网市场，电子商务平台本来就是高度一致的，拍拍网只是在一定基础上进行改良和创新，如果去大胆颠覆现有模式，只会被淘汰，根本无法为广大网民服务。阿里巴巴就是用免费的方式击败了 eBay 易趣，拍拍网只是以同样的方式改变电商格局，避免一家独大，并没有做错什么。马化腾认为这才真正的市场秩序。

不管怎么说，从这一刻开始，腾讯与阿里之间的竞争基本进入了公开化阶段。

另外，除了因“招财进宝”事件吸引大批淘宝卖家入驻拍拍网外，eBay 易趣的彻底落败也间接增长了拍拍网的实力。2006 年底，淘宝与 eBay 易趣之争分出胜负，eBay 易趣惨败，eBay 宣布将其交给 TOM 集团运营，TOM 集团对 eBay 易趣进行了整体系统改造，在经历了长达 9 个月的沉寂后，终于推出了新的电商平台。而在这 9 个月的时间内，eBay 易趣的份额不断下滑，其中大部分被淘宝所蚕食，另一部分则主要落入了拍拍网手中。

依靠腾讯内部强大的资源支持和外部市场的机会（“招财进宝”事件、eBay 易趣落败），拍拍网在正式投入运营一年多的时间里，流量、交易量、用户数等方面都获得了高速增长。到 2007 年第二季度，拍拍网的注册用户已经将近 5000 万人，在线商品数超过了 1000 万种，市场份额占全行业的 9%。一切看上去都很好，这对志在逐鹿电商的马化腾来说，无疑是一个美妙的开始。然而，让马化腾意想不到的是，也正是从这时开始，拍拍网迎来了长期的衰落，并最终走向彻底落败的结局。

## 缺乏战略与创新，终究难敌淘宝

有着一个无比美好开局的拍拍网，并没有就此进入持续增长期，从 2007 年第二季度的短暂辉煌开始，市场反而开始陷入长期的萎缩。六年后，国内知名第三方电子商务研究机构中国电子商务研究中心于 2013 年 8 月 28 日发布的《2013 年（上）中国电子商务市场数据监测报告》显示，国内 C2C 市场份额中，淘宝地位依旧稳固，截至 2013 年 6 月，占整个 C2C 市场的 95.1%，腾讯拍拍网仅仅占 4.7%。

作为马化腾阻击淘宝网、逐鹿电商的种子级项目，拍拍网一度给淘宝造成巨大压力，也为很多业内人士所看好，但为什么没有像腾讯其他项目那样获得胜利，反倒是迅速没落呢？

从产品的角度来讲，拍拍网对淘宝的模仿很完美，完全不输于腾讯在其他领域对对手的模仿，从商品数量和种类、用户界面、网站交互、人气体系、信誉体系、担保交易体系、支付、库存、物流、客服等基础功能来说，拍拍网也都没有任何大的问题，比起淘宝，相差不是太大。拍拍的落败，其本质不在于电子，而在于商务。综合分析，有以下两点核心原因。

**没有找到社交需求和商业需求之间的平衡点**

从本质上讲，腾讯是一家以 IM 为核心的社交网络公司，凭借 QQ，马化腾建立了一个庞大的社区系统，吸引了几乎所有中国网民的加入，在微信诞生前，腾讯的产品基本都是借助 QQ 的用户和关系发展的。不过，社区毕竟是社区，它主要满足的是人们的社交需求，且与人们的商业需求是对冲的。商业需求需要依靠利益来维持，在社交基础上进行商业行为，对买卖双方都不是一件好事。用社交需求去推动商业需求，这就好比在居民小区里开了一家服装店，即使再物美价廉，人们也很难产生消费冲动，更多还是会选择商业区，除非商业模式发生巨变。

从一开始，拍拍网就没有脱离腾讯的社交属性，反而在推广运营上过分依赖 QQ 的强社交性，在电商发展初期，这是违背商业逻辑的。因此，拍拍网在根子上就有硬伤。

**简单粗暴的运营方式是最大的致命伤**

假如说社交需求和商业需求之间的平衡需要时间来沉淀，还不足以导致拍拍网必然落败，那拍拍网在运营方式上的简单粗暴就是它最大的致命伤。

众所周知，电商规模化的关键在于运营。淘宝的运营是建立在平台、卖家、买家和第三方共同的探索之上的，每一步都走得极为扎实稳健。但拍拍网则不一样，在正式投入运营一年多的时间里，拍拍网在流量、交易量、用户数等方面都获得了高速增长。与此同时，拍拍网自身的运营能力却没有跟上，在没有太多第三方服务的前提下，拍拍网采取的主要还是以各种活动来促销的运营方式。这种简单粗暴的运营方式造成大量优质卖家和产品得不到应有的展示机会，除了花大价钱去购买活动页的展位，卖家就只能通过 QQ、论坛等方式进行自主宣传，而且没有第三方营销工具，这就导致通过自主传播的到店买家转化率极低。另外，为了打击淘宝，拍拍对于活动页的广告展位还有特殊的招商要求，即商品单价必须低于淘宝最低价而且包邮。购买活动页广告展位的卖家除要支付展位费之外，还需要给出极大的让利空间。在这种情况下，为了保证自身基本的盈利，那些参加活动的卖家就会出售仿货、次货、假货，而且不保障售后服务。长此以往，拍拍网自然是难以为继。到了 2014 年初，拍拍网几乎成了一堆垃圾业务。

拍拍网的落败对马化腾的打击是不小的，但“小马哥”向来是一个愿赌服输的人，在眼看拍拍网无力回天后，他果断做出决策——出售拍拍网。

## 愿赌服输，果断出售拍拍网

虽然心有不甘，但为了集中力量发展腾讯的重点项目，马化腾还是果断对腾讯电商实施“剥离”，并把出售的目标对准了京东集团。

2014 年 3 月 10 日，腾讯与京东集团联合宣布建立战略合作伙伴关系，腾讯入股京东，以 2.14 亿美元收购京东 3.5 亿多股的普通股股份，占据京东上市前普通股的 15%。与此同时，双方资产进行了整合，腾讯将拍拍网、QQ 网购并入京东，包含物流人员和资产，另外还包含腾讯旗下易迅网的少数股权以及购买易迅网剩余股权的权利。双方还签订了战略合作协议，其中，腾讯将向京东提供微信和手机 QQ 的一级入口位置、在线支付合作及腾讯旗下其他主要平台的支持；京东将成为腾讯实物电商业务领域的首选合作伙伴。根据协议，腾讯总裁刘炽平也加入到了京东集团的董事会。

马化腾作出这样的决定无疑是英明的。与京东展开战略合作关系，不仅能扩大腾讯在快速增长的实物电商领域的影响力，同时也能够更好地发展腾讯各项电子商务服务，如支付、公众账号和广告平台。更重要的是，马化腾总算是摆脱了拍拍网这摊“烂泥”。在此之前，拍拍网长期处于亏损状态，比较明显地拖累了腾讯在整体财务上的表现，而以此换来京东股份，随着京东的持续做大，腾讯未来必然可以获得更大的回报。

当然，对京东来说，接手拍拍网，也是有很大好处的，除了获得腾讯一定的资源和流量入口，还能增大自身在电商领域的市场份额，实现了上市利益最大化，更重要的是，还能与腾讯这样的互联网超级巨头建立战略合作关系。京东创始人、董事长兼 CEO 刘强东表示：“通过此次与腾讯在移动端、流量、电商业务等方面的战略合作，我们将在互联网和移动端向更广泛的用户群体提供更高品质、更快乐的网购体验，同时迅速扩大我们自营和交易平台业务在移动互联网上的规模。在此，我代表京东集团欢迎腾讯电商业务的同事们加入京东大家庭。”

2014 年 5 月，在接手拍拍网两个月后，京东即在美国纳斯达克成功上市。上市后，京东的第一步战略动作就是宣布成立拍拍网子公司，大力进军 C2C 市场。外界普遍认为，京东此举旨在重塑拍拍、对标淘宝。随后，鉴于当时二手市场的火爆，京东又上线了拍拍二手，试图借此打通京东订单系统——用户可“一键转卖”在京东买到的商品。然而，二手市场玩家众多，如淘宝的闲鱼、58 同城的转转等，都已经拥有了很大的市场和很好的口碑，拍拍二手的出现并没有掀起太大的风浪。

接手拍拍网后，刘强东本也是寄予厚望，无奈几经折腾，始终没能完成马化腾转交给他的这个“重任”。2015 年“双 11 购物狂欢节”前夕，京东集团发布关于停止拍拍网 C2C 平台服务的公告。公告称，将于 2015 年底停止提供拍拍网的服务，并在 2016 年 4 月彻底关闭拍拍网。京东给出的理由是“C2C 模式的电子商务在中国当下的商业环境中监管难度较大，无法有效杜绝假冒伪劣商品”。至此，拍拍网正式宣告死亡。

在京东给出的义正词严的说法背后，除了有意无意地黑一把同为 C2C 模式的淘宝外，更多地还是体现了京东无意逐渐边缘化的 C2C 业务，想要专心保持自身优势，与如日中天的天猫商城相抗衡。

在京东接手一年多的时间里，拍拍网不但没有为京东自身的 B2C 业务带来协同效益，反而还拖累了京东的整体财务表现，京东 2015 年财报显示，当年京东亏损 94 亿元，而亏损的主要原因之一就是经营拍拍网失败带来的相关商誉和无形资产减值。这一点恐怕是马化腾和刘强东都没有想到的，好在双方达成战略合作带来的正面效应完全可以消除拍拍网带来的损失，尤其是马化腾，甩掉拍拍网这个包袱，可以重新出发，轻装上阵，又得到京东这样一个强大的合作伙伴，接下来要走的路，自然要轻松许多。

# 第 7 章

## 恶战：于 3Q 大战中赢得新生

腾讯历史上最大的危机应该是 2010 年的 3Q 大战。在此之前，因为无处不在的触角，腾讯被互联网界视为“公敌”，这种情绪被 3Q 大战所引爆。在经历了这场差点被搞死的残酷“战争”后，马化腾决定开放，他告诉整个互联网，“腾讯开放是不可逆的，这扇大门只要一打开，就不会关闭。”

## 涉足安全服务，大战一触即发

可以说截至目前，3Q 大战是互联网史上最激烈的对决，即便是金庸、古龙这样的武侠宗师，恐怕也难以写出情节如此匪夷所思的大战。

实事求是地说，在 3Q 大战之前，马化腾和奇虎 360 公司（以下简称“360”）董事长周鸿祎的关系还是不错的，两人不仅多有交集，经营风格上也颇有相似之处，甚至可以用“英雄惜英雄”来形容。在很多场合，双方都曾就技术、经营、管理上的问题进行交流，比如，在腾讯想要进入搜索业务时，马化腾就曾亲自向周鸿祎请教，而性格直率的周鸿祎也根据自身经验和对行业的判断给出了很好的建议。

然而，“风起于青萍之末，浪成于微澜之间”。在看似和平、友好的表象下，当涉及各自企业利益时，个人关系就会被放到一边，矛盾也就会凸显。

从经营的主体业务上看，腾讯是主打即时通信的网络社交平台，360 则主要是做互联网安全服务，两者业务上没有直接冲突，也算不上是竞争对手。但到了 2006 年底，当腾讯涉足安全服务时，一切就都改变了。

2006 年 7 月，360 发布首款免费安全软件——360 安全卫士，后又推出免费的“360 杀毒”。利用“免费”，360 安全卫士仅一年时间就成为安全软件市场的老大。不过，360 的免费政策并没有彻底改变当时“安全软件收费”的现状，毕竟“杀毒软件收费”这一模式已经施行了近 20 年。

2006 年 12 月，腾讯也正式推出了一款名为“QQ 医生”的免费安全软件，不过，它只是作为腾讯查杀盗号木马的小工具，360 没有太把它当回事。

此后数年，QQ 医生又陆续加入了系统清理、流量监控等安全管理功能。2010 年初，腾讯开始发力，QQ 医生先是联合著名的诺顿杀毒软件向 QQ 用户赠送半年的免费使用权，接着又利用春节长假，避开北上广深这四大一线城市，在二三线以及级别更低的城市推出“QQ 医生”，因为时间点选择精确，推广上又十分得力，QQ 医生一夜之间下载量暴涨，市场份额迅速上升到 40%。

腾讯的这场突袭让见惯了大风大浪的周鸿祎也感到大事不妙。业界有传言称，为了应对 QQ 医生的突袭，周鸿祎在大年初二就马上召回了正在休假的员工，仔细研究了 QQ 医生的界面、各种数据指标以及推广手法，并制定了一系列阻击方案。因为 360 的阻击，再加上 QQ 医生产品本身的功能并不成熟，体验感较差，此后，有很多用户卸载了该软件。

不过，马化腾并未就此收手，2010 年“五一”期间，他等来一个好机会。当时，360 正在市场上与金山以及可牛等同行激烈交战。“坐山观虎斗”的马化腾趁机悄悄地将 QQ 医生升级为 QQ 电脑管家，这款软件集成了 QQ 医生和 QQ 软件管理两大软件，并增加了木马云查杀、清理插件、系统维护和软件管理等功能，与 360 的安全软件几乎没有区别。凭借 QQ 庞大的用户基础，QQ 电脑管家对 360 在安全领域的生存地位形成了致命威胁。

不过，让人感到意外的是，周鸿祎似乎并没有将这事放在心上，在 2010 年 9 月召开的互联网大会上，他就大方地接受了腾讯科技记者的采访，声称腾讯是互联网领域微创新的代表，是一家娱乐型的公司，和 360 不会构成竞争关系……言谈之间，根本看不到任何对腾讯的不满。

或许是被周鸿祎表面上的云淡风轻给迷惑了，也可能是马化腾对腾讯的实力过于自信，总之，腾讯接下来的进攻步伐越迈越大。2010年中秋节期间，腾讯再一次加大了推广QQ电脑管家的力度，甚至在用户根本不知情的情况下，强制对该软件进行升级。腾讯这种做法很多互联网企业都做过，包括360在内，放在平常，不会引起太大波澜，但这一次，却被已经对腾讯心生不满甚至愤怒的周鸿祎抓住了机会。

正所谓“先礼后兵”，在正式开战之前，周鸿祎还是先给马化腾打了个电话，希望腾讯能够停止强行升级QQ电脑管家。在电话里，马化腾语气还是极为友善的，宽慰周鸿祎“腾讯不会将360置于死地”。不过，对于腾讯攻占安全市场的决心，马化腾却表达得很明白。两人之间的沟通不欢而散，周鸿祎于是再次于假期之间将休假的员工召回，开始讨论具体对策，并于一周后开发了应战腾讯的武器——360隐私保护器，这款软件的针对性极强，其功能主要就是帮助用户监控QQ在电脑系统后台的所有行为。至此，3Q大战正式打响！

## 一个备受争议的“艰难的决定”

在3Q大战中，“保护网民隐私”是双方争夺激烈的一面旗帜，斥责对方侵犯用户隐私则是共有的武器，360隐私保护器就是一个这样的武器。

对于是否侵犯用户隐私，马化腾态度鲜明，对外反复强调腾讯作为一家上市公司的谨慎和自律，并表示，腾讯的木马查杀服务只针对自己的QQ用户，是为了保证QQ用户和产品本身的安全，因为对于网上不断蔓延的木马程序，腾讯如果不加以处理，一天之内就很可能有上百万的QQ账号被盗用。

2010 年 10 月 29 日，是马化腾的生日。这一天，周鸿祎给马化腾送了一份特别的生日礼物——360 扣扣保镖。

360 扣扣保镖的功能非常简单，就是帮 QQ 加速，屏蔽 QQ 的不重要功能和广告。对于广大被 QQ 广告骚扰的网友来说，这是一款非常好用的软件。而对于 QQ 来说，这却是一个严重影响收入的"外挂"软件，其危害比"360 隐私保护器"要更为巨大。"扣扣保镖"推出当日，腾讯股价就迅速下跌，一天之内，跌掉了 106 亿港元的市值。

周鸿祎的这份"生日礼物"让马化腾的生日注定无法快乐，当时人在香港的他不得不焦头烂额地火速返回深圳总部，开始组织反击。

2010 年 11 月 3 日 6 时左右，QQ 突然发出了一个弹窗——"致广大 QQ 用户的公开信"。之后，无数摸不着头脑的网民发现，凡是装载了 360 软件的电脑，QQ 都会自动退出，无法使用。

原来，在这封公开信中，腾讯向用户表示，"当您看到这封信的时候，我们刚刚作出了一个非常艰难的决定。在 360 公司停止对 QQ 进行外挂侵犯和恶意诋毁之前，我们决定将在装有 360 软件的电脑上停止运行 QQ 软件。"

之所以这样做，腾讯详细列了三点理由："①保障您的 QQ 账户安全；②对没有道德底线的行为说不；③抵制违法行为。"马化腾则在后来表示，不兼容 360 的决策实属应急之举，因为形势太过严峻，如果不采取强硬措施，"再过三天，QQ 用户可能全军覆没"。

2010 年 11 月 4 日，为了消除"二选一"行为带来的负面影响，腾讯在北京召开发布会，时任腾讯副总裁兼公共关系部总经理刘畅声泪俱下地对外声称，"这是腾讯成立 12 年以来最惨烈的一次行动，昨晚，腾讯一万多名员工彻夜未眠。""停 QQ 是一个最无奈的决定。"

马化腾本以为腾讯的这种行为和解释能够得到 QQ 用户的理解和支持，可结果却是恰恰相反，这种强制性的"二选一"行为，激怒了绝大多数用户。公开信中那句“非常艰难的决定”，更是被众多网友恶搞，成为讽刺腾讯霸道行为的工具。

另外，对于腾讯所采取的“二选一”的强硬措施，周鸿祎并没有妥协，而是针锋相对，亲自撰文《不得不说的话》，文中强调，正是由于“扣扣保镖”让腾讯的商业模式受到冲击，将QQ赖以盈利的广告全部过滤掉了，马化腾才会将其描述成超级病毒，“一定要把这款产品搞臭，把360搞臭，把我搞臭。这样，他才会有充分的理由去绞杀360”。

3Q大战爆发前，腾讯市值已经高达几百亿美元，而360的年收入只有3亿元人民币，用户数量上，更是不及腾讯的一半。与腾讯这只在中国互联网大杀四方的“企鹅”相比，360很明显不是一个量级的。那么，360何以会有如此“不自量力”之举呢？这其中的原因用周鸿祎的话说是“实在是躲不过去了”，是被腾讯抄袭360、抢夺市场的行为所激怒，因此奋起抗争，而选择腾讯最为薄弱的“侵犯用户隐私”和“强制用户使用QQ产品”这两个战场，可以主动将战火烧到QQ的地盘，因为QQ拥有庞大的用户数，自然也就能引起全社会的关注，推动QQ用户关注自己的权益。360的策略很明显，就是要将矛盾公开化，让众多网民都来关心和参与进来，联合众多网民的力量来抵抗凶猛的腾讯。360公司总裁齐向东更是直接对外表示：“这种窥视用户隐私的行为与流氓软件的行为完全一致，严重损害了用户的利益。”“更为严重的是，这类隐私数据的采集过程都在后台完成，普通用户很难了解QQ究竟在暗地里都做了些什么。”

面对360的公开指责，腾讯则发表声明辩称：“所谓隐私扫描出来的内容，是对QQ安全功能的误解，我们在此强调，腾讯QQ软件绝对没有窥探用户隐私的行为，也绝不涉及任何用户隐私的泄露。”

双方各执一词，相互攻讦，冲突不断加剧，进而才导致了3Q大战的爆发。

## 弹窗大战，用户桌面成惨烈战场

在互联网大佬圈中，马化腾是出了名的冷静沉着，始终一副温文尔雅的形象，但在 3Q 大战中，他却数次失去冷静。据知情人士透露，马化腾甚至为此在办公室里摔碎了一个玻璃杯，“这是他创业以来，遇到最危险的挑战”。该知情人士表示。

其实，也难怪马化腾会失去冷静，因为在 3Q 大战中，周鸿祎的每次出手几乎都狠狠地打在腾讯的要害上，从“360 隐私保护器”到“扣扣保镖”，无不如此，而马化腾自己发起的几次弹窗攻势，却都没有明显收效，甚至起到了反面作用。

马化腾发起的第一次弹窗攻势是在 360 揭露 QQ 侵犯个人隐私之后。2010 年 10 月 11 日，360 声称微软的 Process Monitor 和 360 隐私保护器均发现 QQ 在扫描用户的硬盘时有一个极为异常的行为，那就是当用户登录 QQ10 分钟后，QQ 软件会按照一个预置的“超级黑名单”对用户电脑中的软件进行扫描。这个“超级黑名单”总共包含 685 款软件，几乎涵盖了用户所能接触到的所有互联网软件。

针对 360 的揭露，腾讯在 QQ 弹窗中发布《QQ 产品团队严正声明》，声明称，“近期某公司推出‘隐私保护器’，诬蔑 QQ 窥视用户隐私。腾讯一向重视用户隐私保护，绝没有窥视用户隐私，请广大用户明辨是非，不要被某公司的安全恐吓所欺骗”。可以看出，马化腾此时还保持着一贯的冷静和沉着，并未对 360 直接点名。

不过，这场大战已经是箭在弦上不得不发，本就好战的周鸿祎随即也以 360 弹窗回应。与腾讯在屏幕右下角浮出小窗消息不同，360 的弹窗直接跳到了用户的桌面正中央，比 QQ 的弹窗大了好几倍。360 以“为保护用户隐私，遭腾讯打击报复”作标题，还颇有深意地在消息后补上了“腾讯对利益的追逐不止于此，据媒体报道，腾讯 CEO 马化腾身家近 300 亿元，却仍在领取经济适用房补贴”的新闻。不过，媒体后来证实，马化腾所获补贴为深圳市对高层次专业人才的优惠补助，与经济适用房无关。

最为激烈的弹窗之战发生在 10 月 27 日。这一天，马化腾联合金山、百度、傲游和可牛四家公司的负责人，共同发表了《反对 360 不正当竞争以及加强行业自律》的联合声明，声明称“360 对同行恶意攻击的行为让我们忍无可忍！360 通过扣帽子和打棒子来透支网民对安全产业的信任……我们的努力和付出被肆意地抹黑”。

在马化腾看来，五家企业联合作战，可以对 360 形成高压态势，在舆论上占尽优势。然而,出乎他意料之外的是此举反倒是给了周鸿祎大做文章的机会。凭借犀利的口才，周鸿祎对这些公司进行了辛辣的讽刺：“一个是抄袭成性的剽客，一个是唯利是图的假药贩子，找了几个 Loser，发表反对 360 不正当竞争的声明，这本身就是一件可笑的事儿。他们害怕 360 揭露他们损害用户的行为，耽误了他们发财挣钱。今天，即使一个火星人，在中国互联网上混上几天，就知道到底是谁在不正当竞争。”

“我们是迫于无奈，”11 月 1 日，360 副总裁刘峻在接受媒体采访时表示，是腾讯先发起弹战窗的，360 无奈之下才采取了相同的手段，“当天我们的卸载量就增加了，我们迫不得已要做消毒，这是个防守的动作”。

据 360 内部人士介绍，在 360，弹窗是一种战略威慑力量，就像核武器，不会轻易动用，“整个公司只有周鸿祎一个人有权力拍板说发弹窗”。360 方面一再强调，360 发弹窗是在自卫反击，他们指责腾讯滥用了自己的媒体属性，“大家用 QQ 用惯了，而且他们有腾讯网，大家每天都看到腾讯的弹窗，而我们极少发弹窗，至于广告更是从来没有发过一个，所以大家不习惯”。

腾讯对此的回应则是：“当对方一再抹黑腾讯、欺骗用户的时候，我们有义务用适当的方式告知用户我们的立场及进行善意的提醒，以帮助他们做出判断。”

两家公司都说自己发弹窗是被迫的，但就结果而言，弹窗大战并没有给 360 带来致命打击，从数据上讲，反倒像是为 360 做了一次宣传推广。在 3Q 大战爆发之前一个月的百度指数中，360 的搜索量不到 40 万次，而随着弹窗大战的爆发，360 的搜索量迅速突破百万，用户关注度也从 35% 飙升至 130%。由腾讯发起的声势浩大的弹窗战最终却是这样一个结果，也就难怪马化腾会失去以往的冷静。

## 大战落幕，腾讯赢了官司输了舆论

3Q 大战爆发后，引发网民一片谴责声，两家公司及领导人都未能幸免。一个是掌控着几亿用户电脑安全的奇虎 360，一个是社交领域的“巨无霸”腾讯 QQ，二虎相争，必有一伤，对此，政府相关部门在互联网管理上也感到了前所未有的压力。2010 年 11 月 3 日下午，工信部、公安部和国新办三部门召开了紧急工作会议，并通知两家企业负责人前来汇报工作。会议指出，要挟用户的行为是错误的，要求双方在软件上继续兼容，让互联网恢复平静，让网民的利益得到保障。

2010年11月20日，工业和信息化部发出关于批评奇虎360和腾讯QQ的通报，责令两家公司在通报发布5个工作日内向社会公开道歉，并妥善处理善后事宜。接到通报后，马化腾迅速做出反应，腾讯官方写了一封题为《和你在一起》的致歉声明，称向所有在事件中受到困扰的用户致以诚挚的歉意。以下为致歉声明全文：

亲爱的QQ用户：

前段时间，腾讯公司和360公司爆发了一场广为人知的纷争。最终在工业和信息化部等政府部门的协调下，这次纷争告一段落，QQ用户的安全和权益得到了保障。在此，我们向所有在事件中受到困扰的用户致以诚挚的歉意！对工业和信息化部等政府部门的通报批评我们虚心接受，并且会按照有关要求认真落实后续工作。对大家在此过程中对我们提出的意见和各种批评，我们也会认真听取、总结，吸取教训。

痛定思痛，我们在处理方式和与用户沟通中采取的方式上有很多值得反思的地方。起初，我们把注意力都放在“谁对谁错”“是非曲直”这样的问题上，与此同时，却忽略了用户的感受。

作为一家发展较早、规模较大的企业，同时作为行业领先者，我们应该更加注重用户的感受；如果我们在做出那个“艰难的决定”之前能够和您有更充分的沟通，让您能有机会更明白风险和问题所在，整个事件的演化也许就是另外一幅情景。

事件发生后，我们从用户、媒体、行业专家那里得到了很多信息，其中有意见，有建议，也有批评。无论从哪个角度，能得到您的帮助是我们的幸运，也是我们在这个事件中的一分收获。您现在也许还无法想象这些意见对我们有多么重要。正是您的这些意见，将会成为腾讯公司战略转型和企业升级的关键动力。

也正是因为有了这样的认识，公司领导在不久前致员工的一封信里才会提出：“这不是最坏的时刻；也没有最好的时刻；让我们放下愤怒；让我们保持敬畏；让我们打开未来之门。”我们相信，这次事件结束之后，在政府的推动下，我们一直渴求的“阳光下的竞争”时代终将到来。腾讯也将以更开放的心态和用户、行业一起去拥抱这个时代。

随着 QQ 用户数的持续增长，我们明白身上的责任越来越重大。面对责任，我们必须对自己要求更高、做到更好。这样的心态也让我们更能理解您在此事件中所受到的困扰。因此，我们再次向您致以诚挚的歉意，希望未来能继续得到您的支持。

无论过去、现在还是未来，我们的心愿不变：和你在一起。

腾讯公司

2010 年 11 月 21 日

至此，双方在互联网上的冲突在工信部的介入下就此正式化解，网民们恢复了对 360 和 QQ 的正常使用。不过，这场大战并未就此结束，双方接下来又开始打起了漫长的官司。

其实，早在工信部调解之前，腾讯就已经于 2010 年 10 月在北京起诉 360 的“360 隐私保护器”存在不正当竞争，要求其停止侵权。

2011 年 9 月，北京市第二中级人民法院终审判决认为，360 一方诋毁腾讯产品的行为构成不正当竞争，判其赔偿腾讯经济损失 40 万元。几乎与此同时，广东省高院对腾讯起诉“360 扣扣保镖”不正当竞争索赔 1.25 亿元进行立案。

2013 年 3 月 28 日，360 起诉腾讯滥用市场支配地位，索赔 1.5 亿元。广东高院一审后判决，腾讯不构成垄断，360 承担诉讼费 79 万元。

2013 年 4 月 25 日，腾讯反诉 360 不正当竞争纠纷，索赔 1.25 亿元。广东高院一审判决，360构成不正当竞争，赔偿腾讯500万元。宣判结束后，360公开发布声明，对判决结果表示非常不满，决定向最高人民法院提起上诉。

2013年10月16，最高法院根据此前广东省高级人民法院的一审判决，驳回360全部诉讼请求，并判其承担79.6万元诉讼费用。

3Q大战一共引发了三场诉讼，均以腾讯胜诉告终。不过，在舆论层面，腾讯却是失败的一方，马化腾一向以追求用户体验为腾讯最重要的目标，但就是在这一点上，腾讯遭受到了网民严重的质疑和非议。

## 痛定思痛，腾讯选择开放之路

3Q大战是腾讯发展史中具有里程碑意义的事件，它在很大程度上改变了腾讯的发展策略，使腾讯变得开放，也在某种意义上改变了马化腾本人，使他变得更加柔和，开始更多地与外界接触，不再只是满足互联网第一产品经理的角色。

马化腾对3Q大战的深刻反思，在大战后他写给腾讯全体员工的一封内部信件中就有明显的体现，以下是这封内部信件的全部内容。

亲爱的同事：

就在两个小时前，我刚刚离开腾讯公司成立12周年庆典现场。在庆典现场，我更多的是强调感谢，感谢兄弟姐妹们12年来与公司的相守，感谢危难时刻大家万众一心的坚持。但是此时此刻，重回到自己的办公室，我还有一些思考想要分享给大家。我是一个不善言辞的人，所以选择邮件的方式与大家沟通。

公司成立以来，我们从未遭到如此巨大的安全危机。这段时间，我们一起度过了许多个不眠不休的日日夜夜。当我们回头看这些日日夜夜，也许记住的是劳累，是委屈，是无奈，是深入骨髓的乏力感。但是我想说，再过 12 年，我们将会对这段日子脱帽致礼。

作为公司领导人，我个人有必要在此刻进行反思，并把这些反思分享给大家。

1. 这不是最坏的时刻

也许有人认为，腾讯公司正在经历有史以来最危险的挑战。但我想说的是，真正的危机从来不会从外部袭来。只有当我们漠视用户体验时，才会遇到真正的危机。只有当有一天腾讯丢掉了兢兢业业、勤勤恳恳为用户服务的文化的时候，这才是真正的灾难。

2. 也没有最好的时刻

12 年来，我最深刻的体会是，腾讯从来没有哪一天可以高枕无忧，每一个时刻都可能是最危险的时刻。12 年来，我们每天都如履薄冰，始终担心某个疏漏随时会给我们致命一击，始终担心用户会抛弃我们。

3. 让我们放下愤怒

这段时间以来，一种同仇敌忾的情绪在公司内部发酵，很多人都把 360 公司认定为敌人。但古往今来的历史告诉我们，被愤怒烧掉的只可能是自己。如果没有 360 的发难，我们不会有这么多的痛苦，也不会有这么多的反思，因此也就没有今天这么多的感悟。或许未来有一天，当我们走上一个新的高度时，要感谢今天的对手给予我们的磨砺。

4. 让我们保持敬畏

过去，我们总在思考什么是对的。但是现在，我们更多地想一想什么是能被认同的。过去，我们在追求用户价值的同时，也享受奔向成功的速度和激情。但是现在，我们要在文化中更多地植入对公众、对行业、对未来的敬畏。

5. 让我们打开未来之门

政府部门的及时介入，使得几亿 QQ 用户免受安全困扰。现在是我们结束这场纷争,打开未来之门的时候。此刻我们站在另一个 12 年的起点上。这一刻，也是我们抓住时机，完成一次蜕变的机会。

也许今天我还不能向大家断言会有哪些变化，但我们将尝试在腾讯未来的发展中注入更多开放、分享的元素。我们将会更加积极推动平台开放，关注产业链的和谐，因为腾讯的梦想不是让自己变成最强、最大的公司，而是最受人尊重的公司。让我们一起怀着谦卑之心，以更好的产品和服务回馈用户，以更开放的心态建设下一个 12 年的腾讯!

痛定思痛，深刻反思后，马化腾誓言腾讯将要转型。为此，在 2011 年初，他专门召集媒体、互联网、法律、知识产权等各行业资深人士开展了 10 多场“诊断腾讯”的会议，马化腾以及张志东、陈一丹、许晨晔等腾讯高层悉数参会听取意见和建议。“诊断腾讯”是非常开放的会议，探讨了许多敏感且尖锐的话题，比如，腾讯是垄断企业么？腾讯是山寨公司么？腾讯的创新模式是什么？腾讯为什么必须开放？腾讯的竞争对手有哪些？在其中一场会议上，马化腾表示，腾讯绝不是一个人或者某些人的企业，是社会的企业，因此，解决腾讯发展问题的主要办法是开放，“对于开放我们早已经有了行动和想法，只是步骤慢了一些。3Q 大战成了催化剂，让我们在开放的路上更加坚定，走得更快”。

半年之后，在腾讯首届全球合作伙伴大会上，马化腾再次提出腾讯要“打造一个规模最大、最成功的开放平台，扶持所有合作伙伴，再造一个腾讯”。马化腾表示，“腾讯过去的梦想是希望建立一个一站式的在线生活平台，今天想把这个梦想往前推进一步，就是一起打造一个没有疆界，开放共享的互联网新生态”。为了让所有合作伙伴打消疑虑，马化腾在大会上当场承诺：“腾讯的开放是不可逆的，这扇大门只要一打开，就永远不会关闭。”

不难看出，在经历 3Q 大战的洗礼后，腾讯展现出的开放姿态是具有足够诚意的，彻底告别了什么都自己做、自己赚钱的发展模式，互联网创业者们不必再为“腾讯也做的话怎么办”而发愁，腾讯的合作伙伴则可以获得其社交链、流量、支付等全方位服务，共同打造开放共享的互联网新生态。当然，腾讯开放平台的意义绝不止于合作伙伴，由于身处互联网“领头羊”的位置，具有强大的榜样作用，这也间接地促使开放在此后成为中国互联网的一个主旋律。

虽然开放会带来账号泄密、盗号等安全问题，但从长远和整体效果上看，是利远大于弊的。腾讯开放平台后，合作伙伴越成功，腾讯的直接受益就越大，用户黏性和潜在价值也会得到大幅提升，这远比自给自足要强。2013 年 7 月，马化腾向媒体表示，腾讯开放平台诞生两年以来，共汇集 40 万个注册应用，涵盖了娱乐、生活、电商、教育等各个方面，开发者分成累计达到 30 亿元，与此对比，腾讯从创办到年收入 30 亿元整整用了 8 年时间。

收获开放带来的果实后，马化腾更加坚定执行开放战略，尤其是在微信诞生以后，腾讯进一步强化了开放能力，彻底打开了电商、O2O、互联网金融的广阔空间。

其实，出售拍拍网与京东合作又何尝不是马化腾开放心态和能力的体现。马化腾一直希望腾讯能够在电商领域挑战阿里，且毫不吝啬投入资金、资源，可最后却将其电商资产卖给了京东，扶持京东继续自己未完成的梦，这在 3Q 大战之前，几乎是不可能的。

“孤木难成林，只有赋予开放分享的基因，生态才可能长成一片森林。”在致合作伙伴公开信中，马化腾如此表示。从中国互联网发展轨迹和腾讯开放后的上升进程来看，马化腾所说的开放绝不是喊口号，而是切实予以了执行，也由此赢得了业界、媒体、公众的尊重和认可，3Q 大战的另一位主角周鸿祎就表示，“腾讯变得更加开放，它变成了一个平台，变成了容纳众多小鱼的海洋，也变成了一家更加强大、更令人尊重的企业”。

的确，腾讯做到了开放，也因此变得更加强大，在中国互联网领域，目前只有阿里可以与之媲美，而马化腾作为一名优秀的企业家，格局也是越来越大。

# PART 3

## 微信——社交之王

世界是新的。

——张小龙

坦白讲，微信这个产品出来，如果说不在腾讯，不是自己打自己的话，是在另外一个公司，我们可能现在根本就挡不住。

——马化腾

# 第 8 章

## 诞生：世界是新的

如果说 QQ 改变了一个时代，那么微信就在延续这个改变，并且更加发扬光大。从诞生时的聊天工具到如今的万能平台，微信完成了最为华丽的转身，摇身一变，成了马化腾手中的头号撒手锏。

## 写给马化腾的一封邮件

如果说苹果手机改变了世界，那么，微信可以说是改变了中国。从 2011 年诞生到 2018 年，短短七年时间，我们共同见证了微信给生活带来的深远变化。

2011 年 1 月 21 日，微信正式推出第一个版本——微信 1.0 for iPhone（测试版）。2012 年 3 月 29 日，微信的用户数突破 1 亿。从零增长到 1 亿，微信仅仅用了 433 天。

2012 年 3 月 31 日上午 10 时，微信团队为庆祝用户数破亿的特别活动准时上线。用户登录微信的网站主页，就可以看到一个二维码，用自己的微信扫描这个二维码，就能知道自己是第几个注册微信的人。对广大普通用户来说，看看自己的排名，还是挺有意思的一件事情，微信产品总监曾鸣将其比喻为“隔空取物”，这次特别活动的方案是微信团队成员们在凌晨三四点钟吃消夜时讨论出来的，这种讨论在微信初创团队中是家常便饭。他们不想再用老一套的抽奖方式来庆祝用户数破亿，想搞出一些新东西。

此时，距提出微信项目构想还不到一年半的时间。

微信项目构想是 2010 年 10 月提出来的。当时，一款名为 Kik 的 APP 上线 15 天就收获了 100 万名用户，引起业内人士的广泛关注。Kik 是一款基于手机通讯录实现免费短信聊天的应用软件。时任腾讯广州研发部总经理的张小龙注意到了 Kik 的快速崛起，他认为，“移动互联网将来会有一个新的 IM，而这种新的 IM 很可能会对 QQ 造成很大威胁”。张小龙觉得自己有义务阻击腾讯的潜在对手，于是连夜向马化腾写了封邮件，建议腾讯做这一块的项目。马化腾当时也没睡，在看完邮件后迅速给予了回复：马上去做。这或许就是大师与大师的默契，而马化腾仅四个字的回复邮件在后来则被视为微信的开端。

做是决定做了，但怎么做、做成什么样，在微信当时的创始团队中，却没有一个人知道，包括张小龙在内，何况在 13 名创始团队成员中，还有一半人是毫无这类软件开发经验的实习生。微信 iOS 终端开发组组长对当时的开发场景仍记忆犹新：“我们开发就在这么大（10 人大小）的会议室里进行，这边两个是 iOS 开发，这边是三个安卓的……很挤的。我们 iOS 组还得有两台电脑，Mac 和普通的。1.0 版本的开发基本就在这里度过……”好在有一件事情是确定的：在产品开发上，张小龙有着超乎常人想象的偏执。2010 年前后，腾讯内部其实还有另外两个团队也在开发类似微信的产品，但他们忌惮会破坏和运营商的利益关系，压力之下，项目开发的进度都比较缓慢，唯有张小龙率领着团队不管不顾地向前推进。

微信诞生的时候，3Q 大战刚刚结束，腾讯正处于低谷中，除马化腾等高层外，腾讯内部有不少人心灰意懒，连带着对微信这款产品也不看好。事实上，微信刚开始的表现也的确不亮眼，一直到 4 月，用户增长都不快，所有平台加起来每天增长也就几千人。当时谁也不会想到微信会给中国人的生活带来怎样的改变，对腾讯和马化腾又有着怎样的意义。

在这种背景下，张小龙，这个曾经几乎被中国互联网遗忘的技术天才用实力赢回了所有人的尊重，相继做出了摇一摇、公众号、微信支付、智慧城市、小程序等优秀的产品生态，主导了大半个中国 O2O 格局，也使自己成了中国互联网行业中神一样的存在。

## 张小龙其人

“他是广州深夜里最大的 Kent（一种美国香烟品牌）消费者，沉默到像谜一样的男人，中国为数不多具有文艺气质的产品经理。他是那种因为喜欢《蓝莲花》歌词，就一定要问许巍买下版权，挂在 QQ 邮箱入口的人。他也是那种喜欢同事小女儿涂鸦,就把一幅涂鸦画和《蓝莲花》一样挂在 QQ 邮箱入口的人。如果世界上又出现了什么新鲜的 APP 应用，在发布后的 48 小时之内，如果你也下载尝鲜，可能你会遇到个名叫 Allen 的人，如果这人沉默不语，甚至连头像都没有，那么你也许已经遇见了张小龙。”这是知名网络写手、微博名人、曾任腾讯博客频道副总监的“和菜头”（真名和鉴）的一段精彩描写。

张小龙，湖南邵阳人，Foxmail 创始人，微信创始人，腾讯公司高级副总裁。

1987 年，张小龙考入华中科技大学电信系，1994 年研究生毕业，获硕士学位。研究生毕业后，因为不喜欢沉闷、呆板的工作氛围，张小龙放弃了令无数人羡慕的到电信机关工作的机会。那时，中国互联网行业方兴未艾，张小龙前往广州，斗志昂扬地投身到了互联网大潮中。

在广州，张小龙先后在两家互联网公司负责程序开发，虽然都做得不错，但他实在不喜欢按部就班的工作，一心所想的只是天马行空、自由自在的生活。关于张小龙的这个性格特征，有一件趣事可以作为佐证：加入腾讯后，张小龙需要每周去深圳参加例会，但他却总是以“起不来”为借口不去，马化腾说：“以后让我的秘书叫你起来。”后来张小龙又找借口：“路上太堵，怕赶不上。”

于是，马化腾每星期都派车来接张小龙，直到他再也找不出任何借口。

1996 年末，不甘平庸的张小龙开始自己写程序。白天，他正常上班，晚上一回到家，他就将自己锁在屋里，一边抽烟一边敲击键盘编写程序，几乎没有别的夜生活。

1997 年 1 月，经过几个月的奋战后，张小龙完成了自己的作品——一款名为 Foxmail 的免费共享邮箱客户端。Foxmail 简洁易用、运行稳定，一经推出便获得巨大成功，风靡一时，被评为五星级软件，用户量很快就达到 200 万。Foxmail 的成功，让张小龙一下子成为互联网界的传奇，《电脑报》的一名记者曾这样描述："只要你站在北京海淀黄庄路口，大喊一声，我是 Foxmail 张小龙，一定会有一大群人围上来，让你签名。"

然而，Foxmail 千好万好，就是不赚钱，因为它完全免费。另外，因为一心放在了 Foxmail 上，张小龙还辞掉了工作，这就导致他在经济上一度极为窘迫。2000 年 3 月 26 日，就连《人民日报》也对这位技术天才的生计问题产生了担忧，发表了一篇题目为《免费软件饿着肚子挥洒冲动》的文章，文中将张小龙描述为"互联网大潮涌动下的悲剧人物"。

张小龙的人生转折，始于 2001 年。

2001 年 4 月，博大公司宣布以 1200 万元收购 Foxmail，并任命张小龙为首席技术官。消息宣布的那天晚上，张小龙写下了一封充满伤感情绪的信，在信中将 Foxmail 比喻为自己精心雕塑的艺术品："从灵魂到外表，我能数得出它（Foxmail）的每一个细节……在我的心中，它是有灵魂的，因为它的每一段代码，都有我那一刻塑造它时的意识。我突然有了一种想反悔的冲动。"

在被博大收购后的五年，张小龙在互联网江湖上几乎销声匿迹。尽管一个人拿到了 1200 万元巨款，买了自己喜欢的车，去了一直想去的西藏，但与此同时，他错过的是马化腾、丁磊、李彦宏、陈天桥等人引领的互联网大时代。

2005 年，上市后的腾讯并购博大，张小龙作为"陪嫁"，进入腾讯，马化腾成了这位技术天才的“供养人”。

当时，腾讯正面临 MSN 的威胁，国内社交软件领域也是战火蔓延。作为腾讯生态圈中的重要一环，邮箱一直是腾讯的软肋，用户体验差到连马化腾自己都不想用。而在邮箱领域，张小龙早已经是大师级别的人物，于是，QQ 邮箱的开发重任自然落在了张小龙肩上。

现在看来，QQ 邮箱是张小龙从技术极客转型到产品经理的关键，他的主要产品哲学均发轫于此。不过，在接手 QQ 邮箱之初，张小龙交出的成绩只能用“惨淡”来形容。新一代 QQ 邮箱选择了模仿 MSN 和 Gmail（谷歌邮箱），加之沿用此前 Foxmail 的客户端思维，导致邮箱笨重无比，速度极慢，在很多用户看来，比之前“更烂”。之所以出师不利，原因可能在于：以往一直单兵作战的张小龙初入大公司，还不适应其中的团队氛围，也有可能是被周围人的功利心给带偏了。

2006 年初的一天，在一场团队会议上，张小龙指着一张迪拜七星级帆船酒店的画，对团队宣布：“我们要做一个最好的邮箱，七星级邮箱。”他说完后，会场没有掌声，只有零星的笑声，有人窃窃私语——马化腾这次看走了眼，张小龙在博大已经待废了。

然而，他们错了，马化腾并没有看走眼，新一代 QQ 邮箱的失败只是 QQ 邮箱真正崛起之前的试错。

那次团队会议后，张小龙将快速、简洁确定为产品核心，带领团队将 QQ 邮箱的内核全部推倒重写，并要求所有人踏踏实实研究用户需求，在领导风格上，他也逐渐变成了像乔布斯那样的“办公室独裁者”。

2008 年，QQ 邮箱重获新生，进入一线行列，荣膺腾讯公司七星级产品。

2010 年 9 月，QQ 漂流瓶正式上线，这款应用捕捉到大多数人内心深处的孤独感，以陌生人交友这一方式来迎合众人的需求。漂流瓶每天发送量很快就突破骇人听闻的 1 亿次，直接把 QQ 邮箱送到全国用户数第一的位置。

漂流瓶的成功给了张小龙很多启示，在此之前，他关注更多的是技术，而在此之后，人性需求成为其产品哲学的核心，微信的成功，在很大程度上就取决于这一点。

## 语音、附近人、摇一摇和朋友圈

了解完张小龙其人后，让我们将话题再放回到微信这款产品本身。

2011 年 4 月，Talkbox（一款利用语音的方式交流、分享和发布的智能手机通信软件）突然火爆市场，张小龙敏锐地发现这是一个很好的机会，于是果断决定在微信中加入语音功能。2011 年 5 月 10 日，带有语音功能的微信 2.0 版本发布。

微信 2.0 版本发布之前，小米公司的同类产品米聊已经先行推出语音对讲功能，用户反馈极好，米聊口碑飙升，而 Talkbox 的英文版在国内也拥有一批“高端粉丝”。所以，微信团队成员们心里颇为忐忑，不知道微信 2.0 发布后到底效果如何。

微信 2.0 首先在 iOS 发布，发布后用户增长量虽然有一定程度的攀升，但并不明显，直到 Android 版发布以后，用户量开始快速增长。事实上，当时语音在微信最终的消息数量中占比并不是很大，主要还是以文字为主，但语音有一个好处，就是很多用户是为了语音才尝试微信，尝试之后形成了关系链，就会一直使用了。

为了让用户在大多数场景下都能比较好地使用语音功能，微信团队对产品做了许多改进。比如，当距离感应器没有感应时，语音对讲会默认为扬声器播放；再如，只要将手机贴近耳朵，微信语音就会转为听筒模式，用户在开会或其他不方便扬声的时候，接听就比较方便。

语音使微信在市场上成了一款有一定影响力的产品，也使其在竞争中占据了一个有利的位置。

2011 年 8 月 3 日，微信 2.5 版本发布，其中最重要的一个功能是支持查看附近的人，可以帮助用户查看到附近微信用户的头像、昵称、签名以及距离，以便与附近用户产生交流。附近人功能使微信从熟人之间的沟通走向了陌生人之间的交友，该功能推出后，微信用户数迎来爆发性增长。

2011 年 10 月，微信 3.0 版本发布，该版本支持漂流瓶和摇一摇。漂流瓶秉承的是 QQ 邮箱漂流瓶的理念；摇一摇可以让用户迅速找到同一时刻一起摇晃手机的人，这个有趣的功能一经推出，就为许多用户所青睐，日启动量迅速破亿。在 2011 年首届腾讯微创新奖中，摇一摇也在榜单前列。提到摇一摇产生的创意过程，张小龙说道：“记得当时我们在吃饭，有人提起下个版本到底做什么还没确定，挺痛苦的。我就说通过摇手机来找人这个需求一直都有。比如我们两个人想交换名片，互相碰一下手机，这个团队中之前也有人做过。但这个东西太小众，如果我们的场景不能做到每个用户都能使用的话，就不是我们的目标，不能引起很大影响。吃饭时，我们聊到为什么不能直接摇一下手机，干脆不要停留在熟人，如果陌生人也可以摇到，那不就每个人都可以使用了么？如果只能摇到熟人的话，使用范围就缩小很多了。当时想到这个点，就有了这个方向，觉得挺好。”

2011 年 12 月 20 日，微信推出 3.5 版本，这个版本最重要的功能是加入了二维码，方便用户通过扫描或在其他平台上发布二维码名片，拓展微信好友。与此同时，微信还推出了名为 WeChat 的英文版。2012 年 4 月 25 日微信在香港、澳门、台湾三地均登上社交类 APP 的榜首。2012 年 6 月 5 日，微信在越南、泰国、马来西亚、沙特阿拉伯、新加坡等国也登上社交类 APP 的榜首。

2012 年 4 月 19 日，微信 4.0 的 iOS 版发布，该版本中的“朋友圈”功能迅速吸引了业界目光，当时有评论认为这是微信“社交平台化”的一种大胆尝试，具有非凡意义。微信 4.0 版本支持用户将文字及照片分享到朋友圈，微信好友看到后可以点赞和评论。此外，微信 4.0 还开放了接口，支持用户从第三方应用向微信好友分享音乐、新闻、美食等。微信朋友圈的推出引发了新一轮的移动社交热，每天有上亿条信息、上亿张图片在朋友圈传递。

语音、附近人、摇一摇和朋友圈这四大功能确立了微信的基本框架。此后，微信的发展可以用一骑绝尘来形容：2013 年 11 月注册用户数突破 6 亿，一跃成为亚洲地区用户最大群体的移动即时通信软件。2015 年底，微信的活跃用户数攀升至惊人的 6.97 亿。2017 年，腾讯第三季度财报显示，截至第三季度末，微信及 WeChat 合并月活跃账户达 9.80 亿人，同比增长 15.8%……

微信的成长速度十分疯狂，很快就成为移动互联最活跃的入口，让马化腾牢牢掌控了移动端社交网络的主动权。

马化腾曾经说过：“没有微信，腾讯可能就面临重大危机。”而在微信发展过程中，马化腾也是屡次亲自上阵，打磨用户体验。在一家千亿级的公司中，最高领导人还有这样的产品意识，是难能可贵的。不仅如此，微信对人性需求的重视也是马化腾一贯重视的，正如他所说：“没有对人的认识，产品再精妙、再先进，充其量也就是玻璃窗里供人叹赏的牙雕。”

## 敏捷开发、技术团队与流程管理

敏捷开发是以用户需求进化为核心，采用迭代、循序渐进的方式进行软件开发。马化腾认为，与老旧的、套用自传统工业生产的“瀑布式开发”相比，敏捷开发能够持续满足用户不断变化的需求，其显著特点是“小步快跑、尽早交付”。在市场环境和客户需求变化非常迅速的情况下，为了让需求方尽早地看到结果，并给出反馈，以小步快跑进行开发并尽早地交付新的版本是一种很好的解决方式。毕竟在互联网时代，可用的产品一定胜过完备的文档，并且及时的迭代也可以不断修正出现的问题。

微信团队所奉行的开发模式正是敏捷开发，马化腾多次向微信团队强调，在敏捷开发过程中，产品要不断修改，即使在发布前的十分钟，产品决策者也可以提出变更。可以说，敏捷原则是马化腾作为“互联网第一产品经理”最为看重的产品开发原则，也是整个微信团队开发流程的指导原则，而极度敏捷则是其追求不懈的目标。

早期，整个微信团队都集中在广州南方通信大厦10楼办公，这就使得团队成员之间的面对面沟通十分方便。面对面沟通既是敏捷开发所倡导的原则，也是马化腾率领下的腾讯团队从QQ时代就积累下来的成功经验。

马化腾指出，在敏捷开发中，需求的快速变动要求开发团队不断修改甚至是重写代码，这就会给开发团队带来巨大的困难与压力。为了提前预防和有效缓解这个问题，微信团队在基本技术架构中确立了“大系统小做”“让一切可扩展”“必须有基础组件”等几个原则。因为只有这样的技术构架，才能保证产品层面的改动对技术层的影响不会太大，为技术团队适应敏捷开发提供基本能力。

技术团队的支持是保证敏捷开发的关键。对于微信产品团队提出的方案，技术团队很少以“技术上无法实现”为理由予以拒绝，他们习惯从用户使用体验的角度来思考问题，而不是技术实现的难易程度，这是微信技术团队的最大特点。

在使用微信时，相信很多人都有一种感觉，那就是“快速流畅”，微信的上传速度很快，几乎没有等待的感觉。翻页也十分流畅，手指向上拉动就可以快速翻到前面的对话。不过，大多数人不知道的是，为了实现这种快速流畅的用户体验，微信技术团队付出了多少努力，微信产品总监曾鸣就曾以翻页举例说：“翻页也有不同形式，做粗糙的话可能要等 1 秒钟，会停顿一下，这是不好的。我们虽然希望翻的时候有一屏一屏的概念，但是只有一瞬而过的过程，翻的速度快到让你感受不到分页的存在，知道但是不需要等待——这都是很微妙的东西，这就是细节。”要实现这一点非常困难，面临很大的挑战。因为当一个会话有几千条消息（包括图片、视频）的时候，必然会影响翻页速度。要解决这个问题，CPU 需要计算，技术人员需要对技术有深入理解，要知道用什么样的技术保证功能的实现。而且，翻页的动作每天都会发生，是一个非常重要的体验，无论如何都要保证。

不过，马化腾认为，这种挑战可以带给微信技术团队更大的成就感和更快的成长，张小龙对此也深为认同，他说：“我知道他们需要的荣耀感是什么。对于一个技术人员来说，他有事情可以做，并且做得很好，远远比他没有任何事情可做，然后每天平平淡淡地混日子要强，其实他并不希望混日子，他希望做出一个庞大的系统，并且是很好的系统，通过产品来验证他。我们这里好多技术骨干都是从毕业生做起，他们进来以后，我发现他们成长最快，成就感也最大。”

敏捷开发容易导致的一个问题就是流程管理上混乱，在微信发展初期，其团队的流程管理就不太严谨，比如，常常是几个人讨论问题，但最后却没有落实成文档，大家都是依靠记忆去做。为了解决这个问题，微信各个团队都逐步建立起一些需求管理和进度控制的流程。不过，对于敏捷开发带来的“混乱”，在和马化腾交流意见后，张小龙指出这并不全是坏事：“可能这是我们这里研发上的一个不同点，就是看起来一些步骤挺乱的，但是这种‘挺乱’的状态我认为又是必要的，不乱就太慢了……‘挺乱’但不要真的乱掉，这可能需要我们每一级的管理干部在心理上做到有序，形式上可以乱一点。”

# 第 9 章

# 开启：微信的移动社交帝国

移动社交曾经是一个“香饽饽”，三大运营商、互联网巨头、小型创业团队，甚至是个人开发者，都尝试在这个领域“分一杯羹”，但最终只有微信突围而出，并一家独大。马化腾是如何做到的呢？微信的挑战又会来自何方？

## 商业化突围，曲折中独大

如今，微信已经是绝大多数中国网民生活中不可分割的一部分内容，每天早上起床，看看公众号，刷刷朋友圈，空闲的时候玩玩微信小游戏，成为不少人的生活习惯。在不断的探索与突围中，微信领先了国内一大批同类型社交软件，一家独大，稳稳占据着移动社交 No.1 的位置。

微信的出现，彻底改变了中国网民的社交方式，也或直接或间接地堵死了国内其他社交软件的移动入口，甚至连同门兄弟手机 QQ 都无法阻挡它的强大攻势。比如微博，马化腾之前用了数年时间都无法对新浪微博造成实质性的威胁，但当微信祭出“公众平台”后，几乎一夜之间就让无数微博大 V 转战到了微信公众号上，更是造就了自媒体行业的迅速崛起。至于微信本身，在兼具社交属性的前提下,也凭借公众号给自己找到了转型到媒体形态的商业化机会。

当然，即便微信这款产品本身足够强大，甚至有 QQ 的强大关系链做基础，但能够一路突围，取得一家独大的地位，也是经历了诸多曲折的。事实上，从 2011 年微信横空出世到不断开拓市场的过程中，有很长一段时间是腹背受敌的，前有飞信、翼信和米聊，后有易信和来往等。

微信刚刚问世时，最强大的对手其实并不是小米的米聊，而是飞信，毕竟飞信是当时全球由电信运营商运营的最成功的即时通信软件。相关数据显示，在鼎盛时期，飞信的注册用户高达 5 亿人之多，其中活跃用户也达到 9000 多万人。在国内即时通信软件市场，飞信曾一度跻身前三名，是很多网民须臾不可离身的通信工具。而刚刚面世的微信，用户量其实并不多。不过，仅仅一年多的时间，微信就迅速将飞信击败。2012 年后，飞信渐渐被人遗忘。尤其是在 2015 年，手机飞信的人均业务量从 42 条降至 29 条，零消息率从 55% 增长到了 83%。

2013 年之后，微信面对的是与后来者易信的一场硬仗。2013 年 8 月 19 日，中国电信与网易公司宣布合资成立浙江翼信科技有限公司，并发布新一代移动即时通信社交产品“易信”，这是全球首家由电信运营商与互联网公司成立合资公司并合作打造的移动社交产品。易信推出后 24 小时，注册用户即突破 100 万人，给当时略显沉闷的移动社交领域注入了新的活力。对于易信这个后起之秀将如何挑战微信的霸主地位，外界充满期待。

易信的诞生，尽管有网易的品牌背书，但作为与电信运营商的联姻产品，背后却夹杂了中国电信不愿沦为移动通信看客的野心。对于中国电信而言，最终目的是通过易信这款产品来抢夺手机应用商店的流量分发渠道，扩大自己的业务范围。不过，这种过于急功近利的心态导致易信在质量上并不过关，甚至显得有些粗制滥造，只是对微信的简单模仿，完全不像网易这样互联网顶级大公司推出的产品。

凭借着中国电信和网易强强联合的实力，易信的发展还算顺利，用户数稳步增长，尤其是在 2015 年，在易信发布 3.0 版本、祭出免费电话的大旗后，用户迎来爆发式增长，总数突破 2 亿。但是，这并不能阻挡微信的继续做大，2015 年的数据显示，在经过短短四年的快速扩张后，2015 年底，微信和 WeChat 合并月活跃用户数为 6.97 亿，将易信远远地甩在了身后，成为移动社交市场最大份额的拥有者。

除飞信、易信之外，微信曾经最主要的对手还有阿里巴巴的来往。来往在架构上几乎与微信完全一样，从基础的通信聊天到群聊再到公众平台和朋友圈，一个都不少。此外，来往也有一些微创新，比如，将二维码扫描按钮换了一个位置，与微信迥异的 UI 设计等。不过，来往与微信最大的不同在于推广策略：来往是高举高打的强推，如免流量、送现金以及与年终奖直接挂钩的全员营销；微信则是借力打力的导入，如 QQ 通讯录、手机通讯录、摇一摇等话题功能。

可惜的是，马云虽然对来往寄予厚望，也花了极大的成本去经营，但这同样是一场刚刚开始便已注定结果的比赛。飞信败了，易信败了，来往最终也败了，哪怕之后国际巨头 WhatApp 进入，同样也丝毫动摇不了微信的位置。微信关系链和品牌形象已经牢不可破，除非其自身犯下特别大的错误，否则其他对手很难对其造成威胁。

2017 年 5 月的数据显示，腾讯 QQ 月活跃账户数达 8.61 亿，QQ 空间月活跃账户数达到 6.32 亿，比 2016 年同期下降 3%，而微信月活总量高达 9.38 亿，比 2016 年同期增长 23%。很明显，微信已经反超 QQ 稳坐互联网社交第一把交椅。

## 来自“神器”陌陌的挑战

社交网络之所以被称为社交网络，是因为用户之间能够像蜜蜂的巢房一样，相互连接并不断扩大，当用户达到一定量级，且彼此之间形成连接时，“蜂巢”就会越来越大。微信之所以拥有海量的用户，得益于从手机 QQ 和手机通讯录的用户转移作为微信的基础用户，这是其他移动社交产品所无法企及的。

用户之间在微信上是连接的，也是绑定的。用户之所以离不开微信，是因为微信承载了许多社交关系，如果更换其他社交工具，成本会非常高。首先，用户微信上的其他相连用户也都得用其他某一种移动社交工具；其次，这个其他的社交工具还要足够好用、透明。所以，只要用户自身的这些相连用户不更换社交工具，那用户基本上是不可能主动更换的，这就奠定了微信在移动社交领域不可取代的地位。

虽然正面挑战已成为移动社交帝国的微信很难成功，但对于“挑战者”而言，根据自身产品属性和产品定位差异来寻求生存和发展的空间也并非全无机会，在这方面做得比较好的当属陌陌。

陌陌是一款基于地理位置的移动社交工具。使用者可以通过陌陌认识附近的人，免费发送文字消息、语音、照片以及精准的地理位置，和附近的人更好地交流，还可以使用陌陌创建和加入附近的兴趣小组、活动等。

顾名思义，陌陌可以说从诞生起就是为陌生人社交而生的。在陌陌上，用户不需要任何验证就可以向陌生人打招呼，优先推荐来自用户在微博、人人网等弱社交关系上的朋友。陌陌最初是以“约炮”的名义打开市场的，前网易总编辑、陌陌创始人唐岩的坚持在于，他坚定地认为，陌生人社交、找异性是刚性需求，“约炮”并没有什么不好的，科技为用户带来的应该是自由而不是束缚。在广告宣传上，陌陌也一直保持暧昧风格，出现了像“约他来当造物主”“约点别的”等“打擦边球”的广告词。

陌陌 2017 年第三季度财报显示，其营收达 3.545 亿美元，同比增长 126%，增幅十分可观。2014 年第四季度，陌陌的营收仅为 1860 万美元，净利润则为负 10 万美元，三年后陌陌不只是扭亏为盈，还创造了营收翻 18 倍、利润涨 10 倍的奇迹。

回过头来看，披着“约炮”的外衣，陌陌一路走来，尽管在品牌口碑上饱受非议，但却让其在移动社交平台垂直细分的路子上树立了标杆，避开了与微信的正面碰撞。在移动社交市场异常艰难的大环境下，陌陌能够超越背后有大佬支撑的易信、来往等社交平台，在微信强大的竞争压力下，始终保持稳定的增长，不能不说是一种成功。

当然，除陌陌之外，百度贴吧、快手、抖音等社交 APP，也都依靠各种战术，避开正面与微信交锋，从而在市场上获取了一席之地。

从介质到产品的多功能再到用户的黏性，无论是陌陌，还是百度贴吧、快手、抖音，都无法与微信匹敌，只能在单点岔开微信进行竞争，这就很难对微信形成致命打击。当然，千里之堤毁于蚁穴，这些产品目前虽然都没有对微信造成太大的威胁，但实在也难令马化腾省心。所以，为了巩固移动社交的帝国地位，微信也在不断推出新的产品，如小程序、微社区、微视等，让用户对微信的黏性更大，即使用微信就能满足几乎所有 APP 的功能。

## 改变中国传统人情形式的微信红包

“恭喜发财，红包拿来”，这是过年时晚辈给长辈拜年时的一句客套话。从 2014 年马年春节开始，漫屏飞舞的拜年红包，全民狂欢抢红包、拜新年的火爆场景，在联系、增进感情的同时享受新年的氛围，成为春节期间一道特有的亮丽风景，开辟了移动社交的新纪元，也在很大限度上改变了中国传统的人情形式。

微信红包早已在中国普及。不仅是春节，其他节日甚至在平常的沟通交流中，微信红包也成为最重要的一个道具。难怪网上会流行这样一句话：“没有什么事情是一个红包搞不定的，如果一个不行，那么就再发一个。”微信红包的普及甚至严重影响卖纸质红包的生意，有卖红包的老板说，2017 年销售量只有 2016 年的 1/5。

在马化腾看来，微信红包并不是讲钱，而是承载感情，他曾这样说过：“微信红包现在每月的活跃用户，超过 8 个亿，它其实是一个‘带着钱的表情包’，是一个祝福，是一种文化的沟通。所以，不能单纯从钱的角度考虑。但它无意中形成的就是让大家熟悉绑卡、钱、转账等等操作。”

那么，具体来讲，为什么微信红包会得到中国人的认可，人们喜欢在微信中发红包的原因何在呢？

首先，微信红包降低了“交易成本”。所谓交易成本，简单来说就是除了价格之外的一切成本，具体到红包上，是指除红包里面的钱之外的一切成本。一是减少了传送成本。在微信红包诞生之前，人们发红包只能面对面给，而现在即便是远隔千山万水，也只需轻轻点击一下即可给亲朋好友发红包。二是降低了接受成本。所谓红包，就是用红纸包上钱，而中国是一个人情社会，亲朋好友之间直接谈钱不符合中国人的习惯，在微信中发红包，发送者与接收者不用见面，这就降低了心理上的接受成本。

其次，微信红包增加了游戏性和浪漫色彩。钱本身并不是浪漫之物，比如，男女之间交往，男方直接给女方 500 元钱，这很明显是不妥的行为，但是发上几个加在一起为 520 元的微信红包（单个微信红包默认限额为 200 元），520 谐音“我爱你”，就带有了几分浪漫色彩，且有一定的游戏性。再如生意伙伴之间，发几个 66.6 元、88.8 元的红包，代表顺利、发财等吉祥意味，也有异曲同工之妙。

再次，微信红包具有支付以及社交润滑剂作用。对于彼此并不熟悉但需要打交道的人来说，有了微信红包，就避免了虚假的客套与无礼的强塞，很多当面不方便接受的红包也变得可以接受，而且，用数目较小的红包就可以达到很好的效果，避免掺杂太多的功利关系，尽管这种沟通本身可能就是功利的。这就使得微信红包在一定限度上具有了支付以及社交润滑剂等作用。另外，微信红包也使得熟人之间的小额报酬变得可行。亲朋好友之间在一些小事情上的帮忙，假如不给报酬，往往会用一些小礼品或者请客吃饭来回馈，但有了微信红包后，就不仅省下了金钱和时间成本，也充满温情，没有功利的味道。

最后，微信红包带来了很多乐趣。微信红包的金额下限很低，在微信群中发一个拼手气红包，往往平均下来一个只需几元钱。但在微信群里，钱多钱少往往不是最重要的，重要的是大家抢红包的乐趣。抢红包为什么会带来乐趣？主要原因并不在于钱。收过礼物的人都知道，在拆开礼物包装前，那种未确定的期待、紧张往往比礼物本身更让人愉悦。微信群里的拼手气红包之所以能带乐趣，原理也在于此，它会让人猜测并期待自己有个好运气。

总之，微信红包产生于社交，服务于社交，微信上有着最庞大的人际社交网络。作为两者的结合，可以肯定地说，微信红包已经改变了中国传统人情形式。

# 第 10 章

# 对手：微信 PK 支付宝，鹿死谁手

前有支付宝，后有微信支付，移动支付几乎被这两大巨头平分天下。微信支付近几年发展势头之猛令人咋舌，而曾经一枝独秀的支付宝在遭遇微信支付的狙击后，也展开了猛烈的反击。棋逢对手，最终鹿死谁手，是马化腾还是马云？或者是半途杀入的各大银行？

## 速攻！微信用红包撬开移动支付大门

2013年，阿里来往与腾讯微信鏖战正酣之时，马云曾喊出“火烧南极洲”的口号，在一份内部邮件中，马云豪迈地写道：“把企鹅赶回南极去！动起来！我们11月底将清点每一个人的努力，我们12月冬天的攻势要更猛。明年夏天，我们要看到火烧南极洲。这是一个每一个人都可以参加的游戏。去装来往，晚上在来往上‘三陪’聊天，去让世界看到阿里人疯了。让他们知道疯了的阿里人是如何的！让企鹅知道，来往不是易信！”

然而，让马云万万没有想到的是，就在“火烧南极洲”的大战略还没有完全展开之时，自己的大后方支付宝却被马化腾用微信红包给华丽丽地“偷袭”了。

“一个微信红包就干了支付宝八年干的事情！”2014年春节前，支付宝牢牢占据中国第三方支付的头把交椅，但2014年的春节，微信通过红包撬开了移动支付的大门，从大年三十到正月初八，微信红包圈走了800万用户。

微信红包在社交领域的意义和背后深层次的原因我们在上文已经分析过，而在支付领域，它的扩张速度同样令人吃惊，给支付宝造成了极大的竞争压力，这一点或许连马化腾自己都没有预估到。面对微信红包的发展态势，业内人士早在 2014 年就非常肯定地预测到："总体来看微信绑定量增加 30% 不成问题，而且肯定会给支付宝带来巨大压力"，也正因如此，马云才会将微信红包比喻为马化腾"偷袭珍珠港"之举。另外，早在 2014 年 1 月 23 日，支付宝就率先推出了"发红包"和"讨彩头"的新功能，究其本质，和微信红包并无二致。然而，支付宝的"发红包"和"讨彩头"反响平平，而微信红包却凭借微信强大的社交属性一夜成名，迅速撬开了第三方支付的大门，这如何能让马云甘心。

事实上，马化腾想要在第三方支付领域虎口拔牙的决心，早在微信红包诞生前就有了。对于拥有数亿用户的微信而言，想要重建一个类似于 QQ 的全新商业体系，支付是无论如何都绕不开的一环。

2013 年 8 月，微信 5.0 版本问世，在这个版本中，微信支付是其中最重要的新加功能，微信不再只是社交工具，通过绑定银行卡，用户就可以使用微信支付来购物、买车票、充话费、一键还款等，其可实现的应用场景包括公众号支付、扫二维码支付和 APP 支付。微信支付首批上线的商户涵盖了电子商务等多个细分领域，包括机票酒店预订、电影票团购、手机购买、交通卡充值等绝大部分品类的商品和服务，用户均可以通过微信支付来实现。在此之后，微信支付开始迅速拓展用户的应用场景，比如游戏充值、表情商店、彩票购买、打车付款等，并推出了货币基金理财产品——理财通。

当然，真正让微信支付打开局面的还是微信红包。

回过头来看，微信红包的逆袭之举并非如马云所说是马化腾蓄谋的"偷袭珍珠港"，据微信产品开放平台中心高级商务经理刘涵涛透露，微信红包其实只是应景之作，最初设计这款产品主要是为了应对腾讯年底领导群发红包的惯例。熟悉腾讯的人都知道，每年春节，腾讯的各级领导都会向员工派发"利是"（粤语中的红包之意），过万员工排队等着领马化腾的红包更是腾讯深圳总部每年都有的固定活动。于是，微信的产品开发部门设计了抢红包游戏，领导微信派红包，员工疯抢。然而，谁也没想到的是，这个只花了十多天就设计出来的产品在微信中推出后，竟能在春节期间产生如此大效应，直接帮助微信撬开了第三方支付的大门，并对支付宝造成了巨大威胁。

## 支付宝的错误与反思

微信支付的横空出世让支付宝倍感压力，微信红包的火爆更是打得支付宝一个措手不及，使其在移动支付战役的上半场中失去了先手。业内人士普遍认为，支付宝的这次失利，微信红包只是表象，真正的原因还是微信强大的社交黏性。不过，支付宝自身在面对微信的攻势时也犯了一些本不该犯的错误。

支付宝所犯的最大的两个错误是对“口碑”平台的定位问题和社交发展问题，其背后折射出的是支付宝对在线支付这项业务的理解还不够透彻。

2014 年春节，微信虽然通过红包迅速撬开了支付大门，但当时这些钱都还只是空转的，也就是说，只是线上流通，线下并没有丰富的场景消费，微信的社交黏性还没有转化为支付利益，如果支付宝能抓住先发优势，迅速扩展线下发展速度，那还是有很大胜算的。可事实上，支付宝当时对线下并没有足够的重视，也没有采取真正有力的行动，这是一个致命的错误。与此同时，马化腾很快意识到微信红包只是线上的一个场景，必须迅速扩展线下才能让它真正变得有用。寻求外部合作是腾讯一贯的风格，且腾讯实行开放战略，控制欲不强，这虽然可能存在联盟松散的问题，但初期发展速度会非常快。在认识到线下的重要性后，马化腾迅速扩大了微信的代理商体系，并通过联合支付平台来发展商户。其中，代理商可获取其管理商户的支付手续费返佣，通常微信支付收取 0.6% 的手续费，返还 0.3% 左右给代理及融合平台，从剩下的 0.3% 中支付银行通道费用。这些措施极大地刺激了代理商的积极性，也迅速为微信打开了线下渠道。

反观支付宝，在早期的线下市场拓展中，总是想着由自己主导，通过旗下的“口碑”平台自主发展商户，代理商只是服务机构，不能参与服务费利润分享。“口碑”是在原有品牌的基础上合并“淘点点”等业务而来的，定位于本地生活服务。“口碑”是与支付宝绑定在一起的，支付宝要求商户，想进入支付宝，就必须以接入“口碑”的方式进行，而且“口碑”不支持微信支付。然而，当时微信支付正处于红利期，很多商户都不愿意放弃，这样的二选一对支付宝其实是很不利的。

那么，支付宝为什么会选择通过“口碑”来拓展线下市场呢？主要是因为是想避免和微信展开类似于滴滴和快的那样的价格战。如果是纯支付，很容易陷入费率的比拼。想跳出价格战的牢笼，就需要为商户提供增值服务，于是支付宝就想用“口碑”来提供营销能力。事后来看，支付宝此举是混淆了先后关系，纯支付是底层基础，“口碑”是增值服务，得先做好底层，才有可能做好增值服务。

“口碑”作为支付宝的一个板块，既要承担扩展线下支付的需求，又要负责为商户提供营销服务的需求，结果就很容易顾此失彼。此外，因为“口碑”也是一个独立软件开发商（ISV），这使得它与支付宝的其他 ISV 之间的关系变得微妙，存在一定的牵制和掣肘。2015 年下半年，这种牵制和掣肘的影响开始显现。“口碑”成立之前，因为支付宝曾大力拓展线下，承诺了很多商户零费率，并且对一些 ISV 进行补贴。比如，一些线下餐饮店，消费者用支付宝付款，商户享受零费率，支付宝还会给铺这个区域的 ISV 千分之几的返利。可是到了 2015 年下半年，因为对“口碑”的定位发生变化，支付宝突然宣布延期之前的一些承诺。ISV 的商业逻辑是需要先向商户垫款，因为一开始对补贴的预期很高，甚至还承诺了额外的好处，在没有充足资金缓冲时间的前提下，大量受到波及的 ISV 对支付宝此举大为不满，一些 ISV 甚至临阵倒戈，去了微信支付，令微信在线下的发展速度加快。

“当时支付宝陷在了纯支付无价值的错误观点里。”一位支付宝高层反思说，2015 年，央行发放了 200 多张支付牌照，很多互联网公司如美团和滴滴，都开始考虑自己做支付，如此一来，支付宝的生存空间就被压缩到了最小。基于对当时支付现状的焦虑，支付宝才对“口碑”的定位做出了调整，并由此引发了与 ISV 在费率政策上的矛盾。

因为以上所犯的错误，到了 2016 年，支付宝的市场份额严重下滑。易观国际的调查数据显示，2015 年中国第三方移动支付市场份额中，支付宝为 68.4%，占据龙头，第二名微信支付是 20.6%。但到了 2016 年第二季度，支付宝的市场份额下滑至 55.4%，第二名微信支付则增长至 32.1%。

市场份额跌势严峻，线下扩展又迟迟无法击败微信，所以在 2016 年支付宝更为焦虑，其内部也出现了不同声音，大致可分为做社交和不做社交两派，最终，做社交的声音占了上风，其原因就是要紧盯微信。2016 年 8 月，支付宝新增“朋友圈”功能，9 月新增“到位”（寻找附近的人）功能，11 月新增“圈子”功能，这些明显都有紧盯微信的意思。然而，支付宝“圈子”一经推出，就被推到了风口浪尖，这款社交产品的“校园日记”和“白领日记”等社区中，充斥着大量低俗的照片，支付宝因此被一些用户戏称为“支付鸨”，陷入严重的舆论危机中。随后，蚂蚁金服（支付宝母公司）董事长彭蕾亲自发表道歉信，支付宝放弃社交，开始真正地进行反思。

支付宝因为犯错所交的学费是昂贵的，但也是值得的，尤其是对“口碑”前后调整和“社交”碰壁的反思，让支付宝不再排斥成为纯支付工具，不再太过刻意去做社交，“口碑”回归其营销服务的定位。经过一系列以反思为主题的战略会和班委制改革后，2016 年底，支付宝开始慢慢步入正轨，重新变得强大，从春节红包开始，支付宝不再紧盯数据结果，而是只想着“把去年欠大家的敬业福还给用户”。随后，从 2017 年开始，支付宝对微信展开了强烈的反击。

## 大战 2017，支付宝的反击与微信的焦虑

2017 年 1 月，支付宝成立移动支付事业部，主推之前市场比较薄弱的小微商户。2 月，支付宝推出了“收钱码”，并大幅增加其预算投入，目标依然是覆盖小微商户。在经过反思之后，支付宝团队将更多精力放在了研究商户和消费者身上。来自蚂蚁金服的一份调研报告为支付宝的这个发展方向提供了帮助，报告显示，大型商户如麦当劳、肯德基、7·11 便利店等，支付宝覆盖率良好，用户普遍不满的是，很多小饭店、路边摊以及菜市场都不支持支付宝付款，而这些地方的日流水未必不如一个麦当劳门店。

在支付宝推出收钱码之前，小微商户这部分是微信支付的天下，不过微信支付自身并没有在这方面投入太多资本，几乎都是小微商户自己打印的微信二维码。支付宝推出的收钱码，无须商户有支付宝账户，只要有银行账户并关联手机，即可生成支付宝二维码，并通过 EMS 邮寄至商户手中。在此之前，商户必须先下载支付宝 APP，再绑卡及认证才能收款，而支付宝 APP 当时在小微商户中普及度并不高。

支付宝的收钱码早在 2016 年就做出来了，不过因为种种原因，这款产品在蚂蚁金服体系内并没有受到重视，也没有尽快推出，直到认识到小微商户的重要性，开始开发小微商户时，收款码的重要性才开始凸显。

2017 年上半年，支付宝总共寄出了 3300 万份二维码，仅投入的快递费用就不是个小数目，此举在支付宝内部也引起了争议。“为什么要去统一印制、

寄送二维码，这种集中化的运营有悖于互联网的商业逻辑。”一名蚂蚁金服员工曾匿名向媒体透露。不过，也有业内人士认为，去中心化虽然是互联网的一种流行逻辑，比如微信公众号和微博，但今日头条以集中化的推送也获得了巨大成功，对于没有社交基因的支付宝来说，尝试走集中化道路未尝不可。

业务上聚焦小微商户之后，蚂蚁金服在整体战略布局上的优势也开始发挥作用，使得马云可以用支付宝的多维来对抗马化腾在微信上的高频。

在这种多维策略下，对于消费者而言，支付宝不再只是支付工具，还是一种金融理财工具，有余额宝这种超级增值服务，有消费信贷产品“花呗”“借吧”这两个大杀器，还有芝麻信用、基金、保险等一系列金融功能的加持。以2017年火爆中国的共享单车为例，腾讯率先投资了摩拜单车，并直接动用了微信强大的流量支持，但支付宝除接入共享单车的支付之外，还创新地使用了芝麻信用免押和保险服务来保障用户安全权益。结果，从共享单车市场公开的数据来看，在流量支持上处于劣势的支付宝至少跟微信打成了平手。

整个2017年，摒弃社交梦，专注将支付业务做精做深，使得支付宝回归到了本来应该有的位置。身后站立着整个蚂蚁金服集团的支付宝，将基于支付之上的信用、理财、保险、银行、消费信贷等业务捏成了一个拳头，为用户在支付之外提供丰富的金融价值。这就使得用户之间形成了一种相对牢固的观念：小钱放在微信，大钱还是放在支付宝。

面对支付宝的反击,对于在腾讯金融体系中依然孤军奋战的微信支付来说，即使用户打开的频次再高，也难免有无力招架的困惑。

相比于在国内的反击，支付宝在海外的节节胜利，更让微信支付和马化腾焦虑。统计数据显示，2017年，微信支付在海外正式落地的国家为12个，而支付宝共接入31个国家的20多万名商户，将近微信支付的3倍。此外，在出海的过程中，微信还遭遇到了Facebook等社交巨头的强力阻击。马化腾显然也意识到了微信在海外市场的不足，早在2016年举行的世界互联网大会上，他就坦言“各个社交应用的程序和功能基本一致，对于微信而言，除非能够提供完全不一样的用户体验，否则要进入海外市场非常困难。”

如果说马化腾曾经的确有让微信支付彻底超过支付宝的机会，可是在 2017 年，这个机会已经消失了。错过良机的微信支付，遭遇到了支付宝的猛烈反击，而这个反击的背后，既是腾讯和阿里两大生态体系的竞争，也是马化腾与马云这位互联网大佬之间的较量。

## 混战 2018，谁会是移动支付领域的“终结者”

2018 年，微信和支付宝之间的战争仍在继续，且愈演愈烈，这一次双方将战火烧到了线下零售企业。

2018 年 3 月底，有媒体爆料，称华西地区（包括云南、贵州、四川、重庆等省市）的多家沃尔玛门店贴出告示，宣布“暂停使用支付宝”。此后，在 2 月和腾讯、京东达成战略合作关系的步步高超市也被媒体曝出停用支付宝且在大力推广微信支付。

对此，沃尔玛中国简单明了地宣称“这是一个商业决定”。步步高超市的相关负责人在接受媒体采访时则表示，“暂停使用支付宝”的说法有误，因为步步高超市“从一开始就没有使用支付宝”，只有几家百货门店曾经试验性接入支付宝，不过并没有大范围接入，因为“支付宝的合作方式太强势，它只作为一级入口，不接受双向接入，我们无法接受不公平之合作”。步步高超市负责人所谓的“不接受双向接入”，是指顾客在支付时不能通过步步高的云猴钱包进入支付宝，只能在进入支付宝后，再进入云猴钱包或其他，这就导致数据入口单向化，只有支付宝能获取步步高的数据，反之则不能。至于停用支付宝给消费者带来不便，该负责人直言："不会的，现在市面上支付手段那么多，也不止支付宝一个。"

对于沃尔玛和步步高超市的行为和说法，支付宝方面表示不作回应，"不想打口水仗"。

腾讯方面表示，在第三方移动支付市场，无论是支付宝还是微信支付，或者是其他支付软件，都还处于和商家沟通、推广接入的过程，是否接入的主动权始终掌握在商家手中。第三方支付对于商家来说，并不是必选项，而只是一个可选项。所以，无论商家做出怎样的选择，腾讯都予以充分尊重。

不过，虽然沃尔玛中国表示"只是一个商业决定"，步步高超市表示无法接受支付宝的强势，腾讯方面认为主动权在商家手中，但明眼人还是不难看出，这次"停用支付宝"事件的本质还是"腾讯系"和"阿里系"掀起的新一轮在用户、数据、流水方面的争夺战。沃尔玛中国、步步高超市之所以停用支付宝，最根本的原因还是他们属于"京腾系"。早在2016年6月，沃尔玛就与京东宣布达成深度战略合作。在京东的股份构成中，沃尔玛是第三大股东，持股比例达12.1%。与此同时，腾讯则是京东第一大股东，持股比例为21.25%。在入股京东后，沃尔玛实际上已经成为"京腾系"一员。2018年2月23日，步步高与腾讯、京东就智慧零售等签署战略合作框架协议，也成为"京腾系"一员。如此，在微信支付与支付宝的大战中，沃尔玛中国与步步高超市自然是要站队微信支付的。

事实上，微信支付和支付宝之间这种排他性竞争早就存在，在京东商城，就只有银联支付和微信支付，从来就没见过支付宝的身影。只不过，以往这种排他性的竞争大多是发生在他们与商户洽谈合作之初。"如果商户愿意只选择其中一方进行合作，支付宝或者微信支付方面一般会给予更多的优惠和支持给合作商户，而商户做了选择之后就不会再跟另一家谈合作。"一位业内人士如此表示。

微信支付及其背后的腾讯，支付宝及其背后的蚂蚁金服、阿里都有着各自的优势，也都建立起了各自的生态圈。两大阵营已经壁垒分明，而在如今对线下支付场景争夺不断深化的情况下，两家彼此间的这种排他性竞争在未来很可能会愈演愈烈。

与此同时，“国家队”银联也已经高调入场。2017 年 12 月 11 日，中国银联携手商业银行、支付机构等平台共同发布云闪付，央行副行长、银联总裁等人亲自站台。2018 年春节前夕，云闪付加入了红包战。2018 年 2 月 2 日至 3 月 2 日，用户通过“云闪付”APP 完成登录、签到、邀请、转账等任务，即可获得四大新春红包，红包金额最高可达 2018 元。

“云闪付”堪称含着金汤匙出生的支付工具，银联的用户基数也远超微信和支付宝，它的登场意味着支付宝和微信支付共同迎来了实力搅局者。可以断言，未来移动支付的线下混战将比以往更为激烈。至于马化腾能否笑到最后，微信支付是否会成为移动支付领域的“终结者”，恐怕也只有时间才能给出正确的答案。

# PART 4

## 游戏——王者荣耀

电子游戏会把人带坏？他们当初也是这么说摇滚乐的！

——现代电子游戏之父　宫本茂

青少年沉迷游戏的现象的确应该防治，但一禁了之并不是最好的方式，要看到游戏的正面性，不能一味妖魔化。

——马化腾

# 第 11 章

# 崛起：从巨头环伺中突围而出

自从 2003 年进入游戏业务后，十余年的时间中，马化腾先后杀退了鲍岳桥、陈天桥、丁磊、史玉柱等众多游戏巨头，登顶“游戏之王”的宝座，在中国游戏行业高速发展的黄金十年，赚取了最大的流量红利，也一步步将腾讯推向了中国市值最高的企业。所以，当我们谈马化腾时，无论如何都绕不开腾讯游戏。

## 叫板联众，推出 QQgame

互联网时代是一个机遇与挑战并存的时代，网络科技的高速发展颠覆了许多传统的经营思维和模式，新产品的开发时间和生命周期都大大缩短。与此同时，丰富多彩的虚拟世界也提供了许多新的商业机会，吸引着众多企业参与其中。因为高速发展，市场情况也瞬息万变，所以，企业面临的竞争与挑战往往也是前所未有的。

对于互联网企业之间的竞争，马化腾用“互联网竞争是生死时速，从不论资排辈”来形容，在他看来，互联网时代，任何企业都有做大做强的机会，都可以在竞争中取得胜利。同时，马化腾还认为，在互联网这个不论资排辈的市场里，企业要想在竞争中取得胜利，就要有敢于挑战的勇气，他说：“人往往习惯于进入自己熟悉、擅长的领域，而对陌生领域持一种恐惧的态度。其实每个人都具有无限的潜力，勇于挑战自己的不足，敢于主动创造变化，就能将自己的潜力转化为实力。”在竞争面前，马化腾从来不惧怕挑战，这一点在其与联众世界的竞争中充分体现了出来。

联众世界是中国最早的棋牌休闲游戏互联网服务商之一，专注于为玩家提供在线棋牌休闲游戏。

1998 年，鲍岳桥与简晶、王建华联合创办了联众世界，推出后，注册用户和网站访问量直线上升，截至 2001 年 6 月，联众世界的注册用户接近 2000 万人，最高同时在线人数超过 16 万，日页面流览量超过 3000 万人次，日在线总时长 220 万小时以上，以无可置疑的实力跻身国内休闲游戏第一阵营，鲍岳桥也成功当选“2001 年十大互联网风云人物”。

鲍岳桥曾经这样说过：“做一个具有良好品牌和庞大用户以棋群、以牌游戏为主，兼顾其他游戏和相关包括短信、网络广告、电信 ISP 捆绑的综合运营商。”在当时看来，联众这一独有的市场定位，似乎是谁也无法真正复制的。

不过，就是这样一个难以复制的模式，就是这样一个令无数人艳羡的互联网产业，吸引了马化腾的注意，也由此迎来了 QQgame（QQ 游戏大厅）的问世。只不过，刚开始并没有多少人看好 QQgame。据说，QQgame 在 2003 年刚推出时，鲍岳桥还曾亲自上去玩了一下，觉得不过是对联众的拙劣抄袭，因此并未把 QQgame 放在眼里。

2004 年，联众世界被韩国最大的网络游戏集团 NHN 收购，成为其旗下的子公司。

NHN 集团于 2001 年 9 月由 Naver 和 Hangame 两家分别从事门户网站和棋牌类游戏的互联网公司合并成立，2002 年 10 月在韩国股市上市，是韩国市场上股价最高的游戏股，曾是韩国第一大门户集团。2004 年，NHN 集团以 1 亿美元的天价购入了联众 50% 的股份，业内戏称“联众嫁入了豪门”。然而，豪门之路并不好走。

联众与 NHN 集团的主要冲突是对网络游戏的代理运营问题。NHN 集团希望联众能全身心地代理《灵游记》这款游戏产品，并不断引进韩国网游。这和鲍岳桥想走自主游戏研发这条路发生强烈冲突。而且，鲍岳桥一直对大型网游不感兴趣，这在一定程度上影响了联众对《灵游记》的运营。

因为NHN集团一直不支持联众自主研发，导致联众游戏研发团队不稳定，研发工作滞缓，这让鲍岳桥非常不满。在对抗过程中，NHN一方越来越感觉到联众并不怎么听话，联众也对NHN的指手画脚充满反感。可以说，在合作的六年中，双方一直都是在摩擦和冲突中度过的。

在此期间，QQgame则持续发力，产品上快速更新，界面上更为精美。除此之外，QQgame也更加人性化，具体体现在QQ可以自动加入、自定义查找游戏趣味相投的网友，而且这些都是免费的。2006年第三季度，QQgame最高同时在线人数已达到256万，而联众世界同时在线仅为前者的1/5。

面对QQgame的风光，鲍岳桥黯然神伤。2006年2月27日，无法忍受被QQgame游戏已经超过太多的鲍岳桥以光头形象示人，希望自己的新形象与联众最新口号“快乐每一天”在业界再度唤起注意，然而却为时已晚。2009年，联众开始亏损。2010年，NHN集团将所持有的联众股权全部售出，“无法利用联众的用户资源和本地化的市场资源达到其期望目标”的外界传闻，也许是其撤资的重要原因。当时，被QQgame挤压得喘不过气来的鲍岳桥曾一个人跑到深圳，希望与腾讯进行合作，在他看来，这是联众仅有的一线生机。然而，马化腾却选择避而不见，联众就此彻底落败。事实上，马化腾的确没必要见鲍岳桥。棋牌类游戏规则固定，技术门槛不高，联众的玩家又与QQgame用户高度重合。腾讯有技术，又有庞大的用户基础，根本没有必要再花大价钱收购联众。

事实上，那些年之中，被马化腾击败的休闲游戏平台不仅是联众，还包括联众曾经的对手中国游戏中心、边锋游戏、清华同方可乐吧等，这些休闲游戏领域的佼佼者，在QQgame的冲击下最终都成了明日黄花。

## 进军网游，代理《凯旋》初试水

马化腾正式决定做网游是在 2002 年。那一年，马化腾带领腾讯游戏团队前往上海拜访了盛大游戏创始人陈天桥，到美国观摩了 E3 游戏展会，回来之后就决定进军网游。不过，腾讯的高层内部对此意见并不统一，“其实最大的问题是离我们当时能力很远，几个创始人没干过，不懂，周围也没有这样一个经理人”。马化腾回忆道。最终，还是马化腾拍板，并决定从当时网游最为发达的韩国引进游戏来代理运营，这款花了 30 万美元引进的游戏就是《凯旋》。

2003 年 8 月 1 日，《凯旋》正式公测。与腾讯后来其他游戏不一样的是，《凯旋》并不是全部都能用 QQ 账户来登录的游戏，而是专门设置了“凤凰专区”供 QQ 用户使用，其他服务器组采用的则是点卡计费制度，是另外设置账号运营的。为了更好地运营这款游戏，腾讯还专门在上海组建了网络游戏事业部。依靠着在当时而言较为优秀的 3D 画面效果，无缝的地图技术，强大的装备系统、宠物系统以及任务链设计等，《凯旋》一经公测很快就受到了众多玩家的喜爱。

然而，因为《凯旋》本身在技术上的缺陷，以及腾讯当时还缺乏网游运营经验，所以，在公测仅两个月时，《凯旋》就爆发了一次巨大的 bug，即“Mini Boss 活动事件”。

2003 年国庆节之前，为了迎接长假的到来，马化腾希望《凯旋》能策划一些有吸引力的线上活动，继续冲高在线玩家的人数，“Mini Boss”活动就此出炉。

这个活动的主要内容是将游戏内设在地底深处的超级 Boss 缩小后再随机放到地面，降低难度后，供普通玩家挑战，挑战成功后有机会获得大量珍贵宝石。国庆节期间，腾讯网游事业部的员工放假，这个活动在设置好程序后自动执行。然而，因为一些细节设计存在问题，导致珍贵宝石的产出概率过高，一些玩家抓住漏洞，采用自动化方法大量获取珍贵宝石，对游戏的整个经济系统产生严重的负面影响。国庆节假期结束后，游戏内经济系统已经崩溃，物价异常，大量忠实玩家流失。因为这次活动事故持续时间太久，根本无法回档，所以，腾讯官方也没有任何办法消除负面影响，扭转局势。

更让马化腾头疼的是，在接下来不到两个月的时间，《凯旋》再次出现了十分严重的 bug，即“白装备记录事件”。

2004 年 1 月 15 日，《凯旋》在更新版本后出现了一个 bug，导致部分玩家背包中一些高级装备变成了没有属性的白色装备，同时，一些玩家的游戏角色也出现了消失问题。在陆续接到玩家投诉后，腾讯官方迅速向韩方提出紧急修复的要求，同时开始逐个手工处理玩家投诉。15 日下午，玩家投诉量达到 400 单，技术部门开始通宵处理，然而，到 16 日凌晨，投诉量不但没有得到遏制，反而上升到了 1500 单。手工处理已经无法承担。另外，因为参加北京举行的游戏展会，腾讯上海组网游事业部的相关领导均不在公司，没有人拍板最终处理方案，技术人员只能继续手工处理。后来经过统计发现，这次受影响的账号竟然在 10 万个以上。于是在经过漫长讨论后，最终决定回档。这时，距离发现 bug 已经过去了 30 多个小时，回档需要近 2 天的时间，受影响的活跃玩家达几十万人。回档过程中，又发现数据异常，无法启动服务器，游戏停机时间只能再次延长，在 18 个多小时后才恢复了服务。此后，更多的活跃玩家开始选择离开《凯旋》。

以上两次恶性 bug，导致《凯旋》变成了“卡旋”，游戏在线人数减少了

80% 以上，过早地宣布失败，从此进入衰退期，半死不活地熬到了停运。另外，腾讯设在上海的网游团队的主要力量也因此被拆散，大部分骨干人员流失。

马化腾进军网游的第一步就摔了大跟头，导致腾讯此后三年都没有再代理国外网游，转而将重点放在了以 QQ 为前缀的游戏产品上，这些游戏绝大多数都有参照对象，腾讯游戏因此被批评为靠“山寨”起家。这批以 QQ 为前缀的游戏相比同期盛大的一堆热门网游、网易的《大话西游》、巨人的《征途》，无论是人气还是吸金能力，都要稍逊一筹，直到代理了《穿越火线》《地下城与勇士》和《英雄联盟》三款游戏，腾讯在网游上才真正站稳了脚跟，并开始荣耀之路。这一切自然不是因为《凯旋》的失败，但《凯旋》的失败，无疑是一切的起点。

## 跟进盛大，《QQ 堂》与《泡泡堂》的恩怨情仇

20 世纪 90 年代末期，在世界范围内，网络游戏开始崭露头角，尤其是网络相对普及的韩国，转眼成了网游的前沿阵地。

当时市面上大多游戏都是 RPG（角色扮演），从最早的韩国游戏《风之国度》到后面的《天堂》《传奇》《精灵》乃至中国引进的《万王之王》，都属于这一类游戏。

不过，RPG 游戏可玩性再高，玩时间长了，玩家也有玩腻的时候。此时，韩国的 Nexon 游戏公司预见了 RPG 之外网游的广阔版图。于是，他们做了一款益智休闲游戏，这就是曾经大名鼎鼎的《泡泡堂》。

《泡泡堂》的用户定位是青少年及儿童群体。所以，整个游戏的氛围都设

计得十分卡通，道具和场景也多以玩具、糖果等为主体。

《泡泡堂》并非第一款益智休闲游戏，此前日本游戏商开发的同类游戏《炸弹人》也曾流行一时。不过,《泡泡堂》设计出了一套极为先进的运营系统，包括房间战斗模式以及各种道具的应用，这些都对玩家有莫大的吸引力。更具有创造性的是，Nexon 用了众多方法将《泡泡堂》的主角们包装成了广为青少年所熟知的卡通角色，成功的角色塑造不仅促进了游戏周边产品的火热，而且让 Nexon 公司后续的《跑跑卡丁车》《泡泡战士》等游戏沾了很大的光。

《泡泡堂》在韩国的迅速走红，引起了通过代理韩国游戏《传奇》而赚得盆满钵满的盛大的注意，并迅速将《泡泡堂》引进国内。不得不说，盛大掌门人陈天桥的确很有先见之明，他早已从韩国的市场形势中预料到国内也必将掀起休闲游戏的大潮，引进《泡泡堂》就是为了抢占先机。此外，盛大旗下还有多款休闲网游也在紧锣密鼓地筹备着。

看上去，事情的发展似乎都在陈天桥的预料之中，如果不是马化腾也插了进来的话。当《QQ 堂》从 QQ 平台横空出世后，众多玩家和游戏厂商终于见识到了马化腾在模仿上的厉害之处。

当时的腾讯主要还是搞社交软件的，对于游戏平台虽然开始涉猎，但是并不深，更没有如今在中国市场的统治地位。在《QQ 堂》之前，只有《凯旋》稍微拿得出手，还有 QQgame 算是当时流行的游戏大厅中的佼佼者。

《QQ 堂》对《泡泡堂》的模仿极其彻底，从游戏界面到人物风格，再到地图模式，甚至是游戏内的道具设置，都如出一辙。更夸张的是，两款游戏的后续更新也都差不多,《泡泡堂》先推出了一个 PK 之外的打 Boss 模式,《QQ 堂》紧随其后，也推出了一个相似的冒险模式。

不过，尽管《QQ 堂》从风格到玩法都和《泡泡堂》如出一辙，但并不是完全的抄袭，比如《泡泡堂》的双人模式，就没有出现在《QQ 堂》中。《QQ 堂》还增加了很多中国本土化的元素，使游戏更切合中国玩家。结果，依靠 QQ 的引流，《QQ 堂》很快就火过了《泡泡堂》。

陈天桥眼看着《QQ 堂》后来者居上，自然是满心不甘，只好向“老大哥”韩国 Nexon 公司求助，又引进了《跑跑卡丁车》这款游戏，意欲打压马化腾，哪知腾讯又迅速跟进了《QQ 飞车》。这次连 Nexon 公司也忍无可忍了，便一纸诉状将腾讯和《QQ 堂》告上了法庭，想要通过法律措施阻击腾讯。

结果，这场当时震惊行业内外的诉讼案以 Nexon 公司败诉而结束。这起诉讼案是我国首次对网游抄袭进行判定的案例，不管结果如何都具有重大意义。腾讯的胜诉，初步奠定了马化腾“模仿大师”的美名。

《QQ 堂》取得成功之后，马化腾继续着模仿的脚步，《QQ 飞车》模仿盛大代理的《跑跑卡丁车》，《QQ 炫舞》模仿久游网代理的《劲舞团》，《QQ 三国》模仿盛大代理的《冒险岛》，《QQ 西游》模仿网易开发的《梦幻西游》……不管多少人对这种模仿行为感到不满，但他们都不得不承认一个事实，那就是这种后发制人的路子至少为腾讯在业界赢得一席之地，并为其后来反超前面的对手打下了不错的基础。

## 转折！拿下《地下城与勇士》

如今提起腾讯游戏，很多人都知道它是中国网游绝对的老大，不管推出什么游戏，都会火爆一时。事实上，腾讯也做过很多失败的游戏，而且 2008 年之前，在中国网游市场的格局中，腾讯其实是连前五都进不了的，虽然也推出过《QQ 堂》这样风靡一时的游戏，但整体实力并不是太强。以 2007 年为例，当年腾讯在网游市场所占份额仅为可怜的 5.9%，连排名第一的盛大的 1/3 都不到（盛大市场份额为 18.4%）。

当时，盛大手里握有的游戏底牌最多，网易有梦幻系列，巨人游戏的《征途》是在一年之间就崛起的新贵，九城代理着游戏王者《魔兽世界》，久游则有《劲舞团》，以上这五家均有在线超百万玩家或者接近百万玩家的游戏。腾讯的状况则是：① MMOG（大型多人在线游戏）领域里《QQ 三国》《QQ 幻想》在经历了时长付费与道具付费的市场变革后，开始走下坡路，和新崛起的《征途》、《梦幻西游》完全无法抗衡，更不要说挑战盛大了。② 休闲游戏如《QQ 堂》、QQgame 不见起色：《QQ 堂》虽然曾经火爆一时，但已经太过老旧，竞争力有限，而 QQgame 也陷入瓶颈期，日常在线人数仅为 200 万~300 万。另一款寄予厚望的休闲游戏《QQ 音速》则因为版权问题而停止更新。可以说，当时马化腾的手里，是真正意义上的、能打的游戏一款都没有。

在这种背景下，马化腾决定将腾讯在游戏市场的发展重点转向大型网游，并成功拿下 DNF (《地下城与勇士》)，此举后来也被公认为腾讯游戏发展历程中的一个重大转折。

DNF 是一款由韩国网络游戏公司 NEOPLE 于 2005 年开发的 2D 卷轴式横版格斗过关网游，由三星电子公司发行，2005 年 8 月在韩国正式发布。

DNF 大量继承了众多家用游戏机、街机 2D 格斗游戏的特色，以任务引导角色成长为中心，结合副本、PVP、PVE 为辅，与其他网络游戏同样具有装备与等级的改变，并拥有共 500 多种装备道具，每个人物有 8 个道具装备位置，在游戏中可以允许最多 4 个玩家进行组队挑战关卡，同样也可以进行 4 对 4 的 PK。

DNF 在韩国公测之后，迅速走红，成为现象级网游。但令人感到奇怪的是，一向喜欢代理韩国游戏的国内游戏厂商们，在长达两年的时间里，竟然没有引入这款游戏，要知道，当时韩国的网游，知名度稍微高一点的，都会被国内游戏厂商迅速盯上。关于这个问题背后的答案，网上有各种猜测，但莫衷一是，其中比较靠谱的答案是：NEOPLE 公司所提出的代理费用太高，而国内游戏厂商普遍认为 DNF 不值这个钱。

其实，这个问题说穿了也不难理解，因为 DNF 虽然在韩国极为火爆，但它是一个全新模式的游戏，之前在国内并没有成功者，甚至连尝试者也没有。而且 2005 年之后国内游戏市场被《魔兽世界》所征服，当时流行的要么是休闲游戏，要么是类似《魔兽世界》的 3Dmmorpg（大型 3D 多人在线角色扮演），像 DNF 这个类型，实在有点冷门，国内游戏厂商谁都不敢做第一个吃螃蟹的人。更何况，代理费用如此之高。

就是在这种情况下，马化腾显示了高人一筹的魄力，果断出手，拿下了 DNF！

2007 年 12 月，腾讯宣布代理 DNF，马化腾亲自到发布会现场，为 DNF 站台，这在之前是从来没有过的，可见其重视程度。

2008 年，DNF 中国官网上线，3 月 12 日开始封测，4 月 25 日开始内测，5 月 28 日二次内测，6 月 15 日公测发布会，6 月 19 日正式公测。从封测到公测，腾讯只用了短短 3 个月时间，与当时其他大型网络游戏动辄两三年的测试时间形成鲜明对比，这是因为腾讯游戏之前公测的《QQ 炫舞》意外遇到了国内大地震，受限娱令影响，并没有一炮打响，DNF 只能是抗着重压尽快公测。

2008 年 6 月 19 日的公测，DNF 的同时在线人数达到 19 万，这在当时是一个非常高的数字。不过，即便如此，也没有人会想到 DNF 在日后会火到何种程度，就连马化腾自己，恐怕都没想到这款游戏对自己和腾讯有着怎样的意义。

2008 年 7 月 25 日，公测 1 个多月后，DNF 同时在线人数突破 50 万大关；12 月 12 日，公测 5 个半月后，DNF 同时在线人数突破百万，创造了中国网游历史上同时在线人数最快突破百万的纪录。在 DNF 之前，也有几款游戏同时在线人数达到了百万，但用时都较长，《魔兽世界》用时 36 个月，《梦幻西游》

用时 22 个月，《征途》也用时 12 个月之久，而且《梦幻西游》和《征途》是建立在允许玩家多开的基础上才达到百万在线人数的，而当时的 DNF，官方是禁止玩家多开的，所以这个纪录更显得难能可贵。而且，突破百万还不是 DNF 的极限，中国玩家在为 DNF 持续疯狂，到 2009 年 8 月，DNF 同时在线人数突破 210 万，遥遥领先其他网游。

2008 年第二季度，腾讯在中国网游市场的营收位居第四，几乎只有盛大的一半，可到了 2008 年第三季度，在推出 DNF 后的 3 个月时间里，腾讯的营收暴涨了 50%，上升到市场第三位，和第二位网易的差距已经小到快要忽略不计。DNF 创造的奇迹还在继续，等到了 2009 年第二季度，腾讯的营收已经超越盛大，位居市场第一！

在 2008 年，如果有人说，一年后盛大会被人超过，肯定没有几个人相信，即使相信，也会认为只有网易游戏有可能，对仅仅依靠 DNF 这一款游戏的腾讯，大多数人都不会放在心上。然而，正是依靠 DNF，腾讯网游收入暴涨了 300%。此后，腾讯游戏也真正开启了无敌模式，一个令无数对手感到恐怖的游戏之王即将诞生！

## 无敌！游戏之王的诞生

从 2009 年开始，腾讯代理的三款游戏 DNF、CF（《穿越火线》）、LOL（《英雄联盟》）组成了中国网游界的无敌组合，这个组合最大的特点是，血洗了中国网游的所有排行，如营收、在线人数、网吧下载排名等。

2007 年 7 月，腾讯宣布代理韩国 Neowiz 公司旗下的两款 FPS（第一人称射击）网游——AVA（《战地之王》）和 CF。事实上，CF 是作为 AVA 的陪嫁被腾讯代理的，AVA 这款游戏在当年获得了 2007 年韩国游戏总统大奖（韩国游戏界内最高游戏奖项），可以说是以天之骄子的身份被腾讯代理的，而 CF 就是个陪嫁的。让人万万没想到的是，CF 后来反倒成了现象级网游，而 AVA 在中国网游市场却没有掀起太多的浪花。

这里需要指出的是，腾讯代理 CF 和 DNF 的时间点差不多，这两款游戏的玩家群体也比较接近，所以，很容易给人造成一个错觉：这两款游戏是在一起火的。事实上，CF 和 DNF 的巅峰期正好完美错开，CF 虽然早于 DNF 公测，但比较慢热，直到 2009 年 5 月在线人数才突破百万。不过，这款游戏后劲十足，在 2012 年 8 月 26 日，同时在线人数达到了惊人的 400 万！

CF 和曾经火爆中国的联机游戏 CS 玩法类似，不过操作上更易上手，画面也更为精美。在 CS 走向没落，枪战类游戏青黄不接的大环境下，CF 的及时出现迅速吸引了一大批固有的 FPS 玩家的注意，从先天上讲，就有着火爆的基础。不得不说，腾讯的确是在最恰当的时机推出了一款恰当的游戏，甚至可以说，假如腾讯稍早或稍晚几年推出 CF，可能都无法达到后来的高度，这也是 CF 慢热的一个原因。

虽然 CF 游戏在对玩家的导向性上存在一些争议，但其在商业运营上的成功却是无可否认的。从 2013 年开始,关注游戏行业的人就经常会看到诸如“CF 登顶 20×× 年全球游戏收益榜”这样的新闻，甚至在 2014 年后面对 LOL 和手游的冲击，CF 依然连续多年稳坐全球游戏收益榜前三,一直是腾讯游戏营收的主要来源。

2009 年，就在 DNF 问鼎国内网游市场、CF 也开始崭露头角时，在大洋彼岸的美国，拳头公司（Riot）开发出了自己的第一款游戏 LOL，而在同一年，这家公司获得了腾讯公司 800 万美元的第二轮融资，当时，腾讯占股 22.34%。

LOL 诞生之初，曾被视为 Dota（一款建立在《魔兽争霸 3：冰封王座》基础上的即时对战游戏）的简易版，被众多 Dota 玩家嘲笑操作过于简单，在游戏界的评分也不高。没有多少人能想到，就是这样一款游戏，日后会走红全球，并连续多年霸占全球游戏排行榜第一的位置。

2011 年 2 月，腾讯以总交易额 16.79 亿元人民币增持拳头公司，所占股份从 22.34% 上升到 92.78%，自此，拳头公司正式成为腾讯旗下的子公司，而 LOL 也就顺理成章地为腾讯所拥有了。这次增持，后来被马化腾视为腾讯最为成功的投资，没有之一。

2011 年 9 月 22 日，LOL 正式在国内公测。在经历了 1 年多的攀爬期后，从 2013 年初开始，LOL 全面引爆，最高峰时全球同时在线人数超过 750 万，这个纪录在网游领域可谓前无古人，也很有可能是后无来者，当然，这也是因为后来手游已经开始挤压 PC 端游戏份额的大环境。2014 年，LOL 达至巅峰，大街小巷都能看到 LOL 的宣传海报，电脑配置比较高的网吧天天爆满，几乎全是 LOL 玩家，那一年观看 LOL 全球总决赛的人数（2700 万）超过了同年观看 NBA 的人数（1800 万）……

在腾讯网游历史上，DNF 是转折，CF 代表了承接，而 LOL 则真正将腾讯推向了游戏之王的位置。之后，在马化腾的带领下，腾讯在网游上的优势不断巩固和扩大。以 2013 年第一季度为例，该季度腾讯网游的营收高达 12.17 亿美元，而排名其后的网易、盛大、畅游、完美世界、巨人五家公司的总营收也才 8.7 亿美元。此后，腾讯推出的《御龙在天》《斗战神》《剑灵》等游戏也都大获成功，而且腾讯游戏的口碑越来越好。

与此同时，随着移动端手游的普及，马化腾也开始率领腾讯进军手游业务，并在这一领域继续创造辉煌，缔造了一个强大的手游王国。

# 第 12 章

## 手游：用四年时间缔造一个手游王国

腾讯进入手游市场的时间并不长。2013 年，目睹了韩国版微信 Kakao 在移动游戏领域取得巨大成功之后，马化腾才决定快速推进手游业务。从风靡一时的《天天爱消除》《天天酷跑》，到国民第一手游《王者荣耀》，短短四年时间，依靠微信和手机 QQ 这两大利器，马化腾已然缔造了一个庞大的手游王国。

## 端游为底，微信助攻

2013 年，韩国版微信 Kakao 在手游领域获得巨大成功，韩国安卓和苹果应用商店前十大畅销游戏中，有 9 款是针对 Kakao 平台打造的。对此，马化腾自然不可能熟视无睹，在经过和团队的一番讨论后，迅速决定进军手游业务。

在腾讯的管理上，马化腾有一个不成文的逻辑，那就是“要给曾经做出成功产品的人更多机会”，比如张小龙做 QQ 邮箱是成功的，给他做微信的机会就是顺理成章。手游也是如此，姚晓光挑起了手游研发的重担。此前，姚晓光负责研发的客户端游戏《QQ 飞车》和《御龙在天》取得的成绩都非常亮眼，被业界公认为腾讯游戏自主研发的标杆，也在很大限度上削弱了腾讯抄袭的恶名。姚晓光在上海组建了一个名为“天美艺游”的手游工作室，开始了最初的探索，并在短短四年时间内推出了一系列自主研发的热门手游，如《天天酷跑》《王者荣耀》《绝地求生：全军出击》等。

腾讯手游的运营由马晓铁团队负责。马晓铁在腾讯游戏部门资历颇深，2007 年进入腾讯后，他先在腾讯游戏市场部任职，后负责代理业务，腾讯网游的巅峰《英雄联盟》就是他负责引进的。马晓铁所领导的手游运营部门，在腾讯有一个极为神秘的代号——X8，这个部门从产品测试阶段就要负责紧盯玩家留存、活跃度等数据，并随时向天美艺游工作室反馈，一款手游产品的数据需要被这两个部门不断反复地磨合，直到数据完全合格，才能正式上线。

在“双晓”团队的完美配合下，腾讯在手游领域的开局非常不错，《天天爱消除》和《天天酷跑》两款手游，一上线就相继在安卓和苹果两大系统连续霸榜。这两款手游的成功，标志着腾讯正式迈入了移动游戏的大时代，之后，无数人才和资金开始进入这一行业。

腾讯在手游领域的成功得益于其在PC端游戏时代的研发和运营经验。尽管PC端游戏和手游面对的玩家并不完全相同，但腾讯在PC端游戏上所积累的产品打造标准、数据分析、用户洞察等方法论，却仍旧是有效的，这就使得腾讯在进入手游这一陌生领域时，也能迅速打开局面。

除在PC端游戏上积累的研发和运营优势外，腾讯手游还拥有一些同行所不具备的制度优势，比如，为了适应跨部门沟通而专门建立的攻坚虚拟组。在腾讯内部，虚拟组是常见的组织。因为内部架构复杂，所以每当有重大的跨部门合作项目出现时，腾讯通常都会发文成立攻坚虚拟组，以减轻沟通成本和加快项目进度。虚拟组的存在时间随项目而定，少则几个星期，多则半年。这种沟通制度的优势，使得腾讯手游能够以最快的速度推进，直至上线。

另外，腾讯手游的成功，还离不开是微信的助攻。2013年8月5日，微信5.0版本上线，伴随这个版本上线的，除如今和支付宝分庭抗礼的微信支付外，还有微信游戏《打飞机》。这款游戏设计简单，容易上手，再加上嵌入了社交关系链，迅速赢得人们的喜爱。微信小游戏的火爆无形中也使得腾讯手游被更多人知晓。

在最初的时间里，腾讯手游依靠强大的研发和营销能力，在行业内迅速建立起了优势，树立了口碑。不过，手游江湖的竞争是极其惨烈的，腾讯虽然强大，但想要持续霸榜，也是极为艰难的事情，等待他们的将是众多对手的挑战。

## 逐步变强，搞定不同对手

2004年，当腾讯进军网游的第一款游戏《凯旋》以失败告终时，当时国内网游行业的领先者盛大曾经调侃道："我们对腾讯进入网游领域表示敬畏，不过腾讯也要对网游行业本身产生敬畏。"然而，时至今日，腾讯已经成为世界范围内市值最高的游戏公司。

有业内人士曾经戏称，中国目前只剩下三家游戏公司：腾讯游戏、网易游戏和其他。

这尽管是一种略显夸张的描述，但和事实也相差不远。这两家游戏公司拿下了国内游戏市场的大半份额，且市场上现象级的游戏也多出自它们之手。

不过，2013年，在刚进入手游领域时，腾讯手游远不如现在强大，在各方面都面临着强大的对手。2013年，刚刚兴起的手游还是一个"渠道为王"的年代，一款勉强及格的手游产品通过渠道强推，就能取得不错的成绩。腾讯的渠道当然强大，但比起360、百度、91、豌豆荚等应用渠道，并没有明显的优势，尤其是马化腾的老对手周鸿祎，凭借360手机助手带来的巨大流量，可谓风光一时。事实上，腾讯手游是凭借对游戏的运营和理解，逐步变强，慢慢被行业认可的。

2013年底，马化腾效仿360手机助手，开始在手机应用宝上发力，使应用宝成为微信、手游等腾讯产品的唯一指定首发平台，并整合手机QQ空间、QQ浏览器、手机管家等多个平台，这大大提升了应用宝的引流能力。2014年，腾讯拿下了此前与 360 持续合作的蓝港游戏，由蓝港开发新品手游《神之刃》在应用宝上发布，取得了极好的成绩。至此，手游天平开始慢慢偏向腾讯这一侧。

2014 年后，随着强势 IP（知识产权）的崛起，渠道的作用被极大弱化。人们一提到手游，更多的是腾讯和网易的大 IP 游戏，如《王者荣耀》《梦幻西游》《阴阳师》等，而不再是 360 或者百度。

的确，无论网游还是手游，目前能对腾讯造成威胁的也就只有网易了。2016 年下半年，网易曾凭借《阴阳师》这款画面精美、操作性极高的手游对腾讯手游业务造成了非常大的冲击，但在《王者荣耀》改版爆红之后，网易的攻势也随之消散。目前来看，在手游领域，腾讯的领先优势是难以撼动的。在这种情况下，曾经那些需要去超越的竞争对手们纷纷倒向了腾讯怀抱，想要借助腾讯的力量获得更好的市场表现。在 2016 年腾讯互娱 UP+ 发布会上，盛大、完美、巨人、金山西山居、畅游等知名游戏公司都纷纷选择将旗下王牌产品交给了腾讯。比如，盛大继 2015 年与腾讯合作《热血传奇》（手机版）之后，又把《传奇世界》（手机版）交到了腾讯手中，完美世界将《梦幻诛仙》（手游版）交给腾讯，巨人网络将《征途》（手机版）交由腾讯独家代理，老对手至此变成了合作伙伴。这其中的关键在于，腾讯掌握着移动流量的大入口微信、手机 QQ。此外，腾讯强大的运营发行能力也是被这些曾经的对手所高度认可的。作为对手时，马化腾会不断学习以弥补自己的短板，而成为合作伙伴后，又能用资源和运营能力扩大双方优势。从运营效果来看，这些交给腾讯代理的手游，都有着非常不错的表现。以畅游研发、腾讯代理发行的《天龙八部》（手机版）为例，这款手游上线仅仅一天的时间，就飙升至安卓畅销榜第三、免费榜第一的位置。很明显，在中国，手游已经成为腾讯、网易两大巨头的游戏。所以，与其自己费心费力地运营，与强大的对手去抢市场，不如交给对手代理，双方共同将手游这块大蛋糕做好。

手游的确是一块大蛋糕。在众多吐槽声中，2017 年初，网易依靠《阴阳师》的亮眼表现，市值逼近 400 亿美元。同年 6 月，在《王者荣耀》的刺激下，腾讯股价飞涨到了 280 港元，市值突破 2700 亿美元大关。更重要的是，中国的手游市场目前仍处于高速增长阶段，远未饱和。亚洲市场研究公司 Niko Partners 的一份报告称，到 2021 年，手游收入将占据总游戏收入的 58%。而在这个过程中，可以预见的是，马化腾的手游王国将依旧保持强势。曾有业内人士戏称，在游戏行业，马化腾走过的地方，寸草不生。的确，在很长一段时间内，腾讯手游的优势恐怕是难以企及的。

## 《王者荣耀》——国民第一手游

注册用户超 2 亿人，30 亿元月流水，DAU（日活跃用户数量）超 8000 万，光是卖赵云（游戏人物）皮肤就曾日进 1.5 亿元！能创下如此惊人的数据，《王者荣耀》俨然是一种现象级产品，是当之无愧的国民第一手游。

《王者荣耀》是由腾讯公司开发并运营的一款 MOBA（多人在线战术竞技）游戏，玩家之间可以进行 1V1、3V3、5V5 等多种方式的 PVP（玩家对玩家）对战，还可以参加游戏的冒险模式，进行 PVE（玩家对环境）的闯关模式，在满足条件后可以参加游戏排位赛等。

《王者荣耀》基本是对腾讯代理的大型网游 LOL 的复刻，将 LOL 的英雄、技能、比赛方式复制到手游上，再重新换上中国历史人物、神话人物以及知名游戏虚拟人物的名字，比如程咬金、李白、妲己、荆轲、项羽、鲁班、马可波罗等，在接地气的同时又为游戏赋予了一些文化色彩。另外，《王者荣耀》将

LOL 的单局游戏时间缩短了一半，更适合手机玩家利用碎片时间打一局游戏，操作比起 LOL 也更简单、更易上手。

2015 年 11 月 26 日，《王者荣耀》正式公测，游戏前期使用名称有《英雄战迹》《王者联盟》。在最初的探索期，《王者荣耀》经历了很多尝试，最早没有 5V5 模式，只有 3V3，也没主打装备概念，主要采用的是英雄升级选择天赋，突出的是角色个人特色，但这种设置相比 LOL 没有任何优势，再加上游戏对配置要求较高，很多手机的运行效果并不理想，所以，玩家并不买账，游戏不温不火。不过，随着时间的推移，腾讯游戏对《王者荣耀》的玩法及系统都进行了优化，加快了游戏节奏，引入了装备系统，拉开玩家技术的差异，加之智能手机技术的迅速发展，《王者荣耀》很快变得火爆起来，并一发不可收拾，俘获了众多玩家的心。

腾讯公布的 2016 年财报显示，腾讯全年总收入 1519.38 亿元，网络游戏收入 708.44 亿元，其中手游板块收入高达 382 亿元，《王者荣耀》的贡献最为明显。2017 年，《王者荣耀》的发展势头有增无减，日活人数超 8000 万，每天有 8000 万 ~ 9000 万场对局，第一季度月流水超过 30 亿元，这个数字相当于微博在 2016 全年的净营收。

《王者荣耀》的主要收入来源是英雄的皮肤，比如最贵的雅典娜“冰冠公主”皮肤卖到了 588.8 元，最便宜的皮肤则只需要 6 元。玩家们之所以会购买皮肤，原因其实很简单，一是皮肤很漂亮，能增加英雄的酷炫感；二是皮肤可以增加英雄技能加成，提高赢得比赛的概率。除皮肤之外，《王者荣耀》其他付费点还有购买铭文、稀有英雄以及抽奖活动等。

《王者荣耀》之所以被称为国民第一手游，不仅在于它的营收能力和在线玩家，还在于其玩家不分性别、年龄、职业，几乎涵盖了所有人群，其中，小学生们是其最忠实拥趸。有媒体报道，曾经有小学老师在班级做调查，询问有谁在玩《王者荣耀》，结果全班学生都齐刷刷地举起了手，就连老师在批阅作文时，也经常能看到与《王者荣耀》有关的文字。这一点后来也成为《王者荣耀》广受诟病的原因。

《王者荣耀》在营销上也十分强大，2017 年 5 月，请流量明星鹿晗做代言人，将游戏人气上升了一个高度。此外，还有些明星主动为《王者荣耀》站台，比如，黄晓明和 Angelababy（杨颖）这对明星夫妻在《王者荣耀》有情侣账号，“国民老公”王思聪号称“国服第一鲁班”，“四小花旦”之一的杨幂被爆出在《王者荣耀》已接近最高级别，打了近 6000 场比赛。在这些娱乐明星的带动下，《王者荣耀》的曝光率大幅增加，再加上网络上流传着各种与《王者荣耀》英雄有关的段子、鬼畜视频等，使其在互联网上成为全民参与讨论的游戏。

《王者荣耀》注册用户已经超过两亿人，以此推算，每 7 个中国人中至少就有一个是《王者荣耀》玩家。最火爆时，在地铁、公交车、办公室、学校、商场等各种地方，随时都能看到玩家利用空闲时间打《王者荣耀》的场景，掀起了一股全民风潮。

《王者荣耀》还催生了新产业诞生，尽管最赚钱的是腾讯公司，但不少普通人也在靠这款游戏发财。有资深玩家走上《王者荣耀》电竞职业赛，靠打这款游戏买了人生第一幢别墅，而一些《王者荣耀》大型电竞比赛的直播现场几乎座无虚席，这也使得职业电竞选手成了行业内的香饽饽。有《王者荣耀》职业玩家表示，自己月收入基本在 5000 ~ 50000 元之间浮动，有时还能拿到 1 万元左右的奖金。随着这款游戏的火爆，还催生了一个新的职业，叫作“王者荣耀陪玩”，以此为基础衍生出了各种提供陪玩服务的网站和 APP，任何游戏高手都能进入这些平台，并通过陪人打游戏来赚取不菲的收入。在视频直播平台上，《王者荣耀》也是最受欢迎的游戏直播，打得好的主播能吸引到不少观众，随之而来的就是大额的礼物和打赏，有些游戏主播因此成了新一代“网红”。

不过，无论是线上还是线下，这些《王者荣耀》所带来的新产业的背后似乎都有着腾讯的影子。除推广、运营游戏外，马化腾也极力地构建着一个以《王者荣耀》为中心的生态圈。面对第三方，马化腾依然保持一贯的开放风格：线上，腾讯有专门对接第三方游戏公司的平台，能够有效通过第三方的解说、攻略、直播等内容，填补其自身内容产出的不足；线下，腾讯则积极寻找合作方，赞助各类《王者荣耀》的赛事。从线上内容到线下竞赛，一个以《王者荣耀》为核心的生态圈已经显现。营造游戏生态圈，打通线上线下渠道，可以有效地延长游戏寿命，这也是《王者荣耀》能够持续火爆的主要原因。

## 关键时刻的反思与转折

从 2013 年兴起到 2017 年爆发，在这四年的历程中，腾讯手游的成绩虽然是辉煌的，但发展过程并不能说是一帆风顺，其间也经历过不少或大或小的考验，有些是业务层面上的短板，有些则是舆论层面上的非议与批评，不过，这些最终都成了马化腾在手游上自我反思的转折点。

2014 年初，阿里巴巴也宣布进军手游，为了给老对手腾讯一个下马威，阿里对外宣称腾讯与第三方开发商的分成比例为 9∶1，这个比例令舆论哗然，也让腾讯手游一下子被推到了风口浪尖。好在这并非事实，腾讯手游业务也未因此受到实质上的影响，但这件事开始让马化腾认识到手游这个快速成长的市场有多么复杂，也让他认识到与厂商合作，不能单方面强势甚至压榨，而是应该保持平等、沟通、合作的关系，取得厂商的信任，如此，才能形成了一个合作共赢的局面。

以 2013 年 8 月《天天爱消除》登录微信为起点，腾讯在手游上便一直对市场有着绝对的控制权，在苹果系统的游戏排行榜前 10 名中，腾讯一度占据了 9 个名额。但是，从 2015 年开始，随着网易《梦幻西游》的推出，这一状况开始改变，《梦幻西游》给腾讯手游带来了强大的市场冲击，这样的态势随着2016年网易的《阴阳师》的推出达到顶点。《阴阳师》这款手游的火爆在腾讯内部引起热议，主要是因为《阴阳师》在国内并不算特别知名的IP，之所以成为话题游戏，吸引大量玩家加入，依靠的是精良的制作和其在二次元领域内的影响力。由此，腾讯洞察到了以往被视作小众的二次元等题材，其影响力已经开始扩散到更广泛的人群。在这之后，腾讯也开始探寻细分领域内的创新产品，二次元、军事类的作品陆续进入腾讯的产品阵营。一个专门服务创新类产品的组织"极光计划"也因此产生，该计划以"垂直细分、创新、高品质"为关键词，放弃了腾讯传统的数据考量，以更加真诚、近乎于求贤如渴的姿态，寻求和更多中小研发企业以及独立游戏团队的合作。在推出3个月的时间里，"极光计划"已经吸引了30多家厂商参与其中，"极光计划"的玩家社区活跃度也明显提升。

以上只是腾讯手游四年历程中较为典型的两个考验，其他不再一一列举。正如3Q大战让马化腾深入反思，进而腾讯施行开放策略，步入大转折期一样，腾讯手游在发展过程中经历的考验，也让马化腾反思腾讯游戏的问题，并做出了行之有效的调整。一旦明确目标，腾讯团队就会向战车一样前行，碾压所有的问题与障碍。这种强大的执行力，正是腾讯在进入手游之后迅速取得领先的主要因素。

此外，更加可贵的是，腾讯手游带有一种马化腾个人的强烈风格，那就是一直存在"危机感"，即便是不断扩大在手游领域的领先地位，他们也从来不认为这是理所当然的事情，更不会陷入骄傲自大的境地，市场一旦出现异动，他们就能快速地跟进或调整。这种危机感，也是保证腾讯手游始终领先的"软实力"。

# 第 13 章

## 争议：是娱乐大众还是陷害人生

任何事物都有其两面性，游戏也是如此，作为娱乐工具，游戏并不是邪恶的。在马化腾看来，不是所有游戏都是恶魔，应该看到其正面的东西，这其中最重要的是监管力量，只有各方力量的手紧握在一起，共同做好监督工作，才能让游戏成为精彩生活的有益补充。

## 挥之不去的阴影

如果将腾讯这个庞大的互联网帝国比喻为一个金字塔，那么它的底层基础就是以微信、QQ 为主的强大的社交关系链，再往上一层则是能够带来稳定现金流的游戏，而稳定的现金流正是腾讯能够不断涉足新领域以及在资本市场大肆并购的保障。不过，腾讯游戏在高速增长的同时，也存在一些比较明显的问题，这其中对于马化腾而言，抄袭是一个挥之不去的阴影。

游戏属于创意产业，在这个行业，“抄袭”是最被人们所不齿的，可对于马化腾来说，抄袭的恶名却背负了很长时间。

腾讯进入游戏的第一款产品 QQgame，被指责抄袭当时的棋牌游戏老大联众平台。随后，在 PC 端网游鼎盛的年代，除了代理的游戏，腾讯旗下几乎所有成功的产品都有着可以比对的成功先例，如《QQ 飞车》与《跑跑卡丁车》《QQ 炫舞》和《劲舞团》等。而《QQ 西游》《QQ 仙侠》等产品，更是从游戏名称上就与网易的《梦幻西游》、巨人网络的《仙侠》高度贴近，以此直接分流来了许多“不明真相”的玩家。

尽管依靠强大的社交属性带来的流量优势，腾讯逐渐获得了市场的认可，并成为游戏行业的“领头羊”，但不少同行以及玩家都对马化腾的做法有所非议。

进入手游时代后，马化腾依然没有摘下抄袭的恶名。仅 2015 年一年，腾讯就有三款手游被指为“抄袭”。一是《王者荣耀》被指恶意抄袭 MOBA 手游《自由之战》。二是《天天传奇》被指人物形象与《剑灵》高度相似，这款游戏还直接使用了《刺客信条》《战神》等国外经典游戏中的著名人物形象。三是在《魔龙与勇士》中直接运用了日本著名游戏制作人神谷英树的代表作《猎天使魔女》中贝姐的人物形象。

数据显示，早在 2014 年，腾讯就已经成为全球最大的游戏公司。然而，与腾讯游戏的快速成长形成鲜明对比的却是大量涉嫌抄袭的产品带来的恶名。迅速模仿市场上的成功游戏，通过自身社交领域的巨大优势获得成功，这让腾讯游戏无往而不利，但对于很多中小游戏公司来说却是一场灾难。

到底该如何正确看待马化腾的抄袭恶名呢？

可口可乐有一句经典的广告词“一直被模仿，从未被超越”。事实上，模仿者想要超越前者是一件非常困难的事情，在游戏领域也是如此，尤其是当玩家们熟悉某款产品对其有了黏性之后。然而，马化腾的模仿有他独有的资本，那就是腾讯强大的社交属性，高达几亿的黏性用户是其他任何企业都无法比拟的资本。反过来讲，放着这样的资源优势不去利用，那岂不是太傻了。事实上，一些其他的游戏厂商们并不是没有模仿照搬，而是它们在模仿照搬后没有获得成功，这也是它们不断咒骂腾讯抄袭的主要原因。所以，在人们都在议论马化腾抄袭的同时，还是应该给他和腾讯一点宽容，要明白，这只是其利用自身强大平台优势的一种策略罢了，其他在某一领域占有绝对优势的企业又何尝不是这样？也许只怪腾讯太过树大招风了。

另外，对于如何定义抄袭、抄袭的界限在哪里，本来也都存在争议，腾讯这家量级企业，自然通晓其中的门道，完全可以避免被人起诉的可能。这就像马化腾自己所说的，“腾讯只是从事了别人做过的行业，并没有人能举出证据证明腾讯抄袭，如果存在抄袭腾讯早已被告倒”。“你坐了车别人就不能制造车了吗？很多东西其他互联网公司都在做，因为我们第一个做得那么全面，所以压力全部压我们身上，随着时间推演，加上我们创新投入，新产品推出，这种质疑会越来越少。”

## 马化腾：要看到游戏的正面性，不能一味妖魔化

游戏为腾讯带来巨额利润的同时，也使其备受非议，尤其是《王者荣耀》这款手游火爆后，对游戏负面性的报道数不胜数。在这些文章中，《王者荣耀》被形容为洪水猛兽，被认为是大部分社会问题的直接原因，而在文章的结尾，必然是呼吁“游戏厂商应该承担更多的社会责任”。

那么，游戏厂商到底应该承担怎样的社会责任呢？一般说得比较多的有以下三点：

其一，不应该刺激玩家之间的仇恨情绪与攀比心理，不应该助长人性中的恶，更不应该将激发人性中的恶作为盈利手段。

其二，倡导玩家遵循公共秩序，鼓励玩家友善相处，向玩家输出正确的世界观、价值观、人生观。

其三，遵循法律，不得触碰法律的边界，如在游戏中加入赌博、色情等元素。

仔细对比，和市面上的绝大多数游戏相比，《王者荣耀》在这三大方面几乎都没有越界。它向玩家公开展示了抽取物品的概率，没有太过露骨的色情元素，虽然鼓励竞争，但只是和体育比赛类似的游戏机制，游戏本身不会导致玩

家间产生仇恨关系。

此外，《王者荣耀》在运营过程中，也一直在尝试向玩家尤其是未成年人玩家输出正确的观念，游戏中推出的《荣耀诗会》《煮酒论王者》《王者历史课》等传播传统文化的视频节目就都是很好的例证。在未成年人保护方面，《王者荣耀》有着完善的用户实名系统，这一系统与 QQ、微信、手机都有挂钩绑定，比起其他知名网游，力度要大得多，而且内置了防沉迷强制下线、未成年人消费限额以及一键禁充等功能，引导玩家学会理性消费，养成健康的游戏习惯。

在马化腾看来，青少年沉迷游戏的现象的确应该防治，但一禁了之并不是最好的方式，要看到游戏的正面性，不能一味妖魔化。

2017 年 3 月 3 日晚，马化腾在北京召开新闻发布会，介绍他的 8 个“两会”议案。其中包括《关于加强青少年科学教育和网络素养 培养面向未来的创新人才的建议》。

“我的青少年时代，理想就是成为科学家、天文学家，但你看现在的孩子，想成为科学家的不多了，不像我们当年那么多。”马化腾指出，在网络与现实逐渐融为一体的大势下，青少年网络素养对网络的运行秩序、问题解决，甚至对整个社会发展都将产生重大影响。因此，马化腾在书面建议中提出，要引导设立“青少年科学发展”专项基金，培养一大批懂科学、爱科学、教科学的专业科学教育者，以及了解网络、了解儿童的专业人士，提升科学教育与网络素养培养水平；加强科研机构、儿童网络教育研究机构与基础教育体系互动，推动网络素养进入中小学德育课。

2017 年，腾讯配合全国“扫黄打非”办公室推出“网络安全进讲堂”，在全国多所中小学宣讲，还推出覆盖旗下所有游戏的成长守护平台，方便家长同步掌控孩子的游戏登录和消费信息，控制孩子的游戏时长，或者一键禁止孩子进行游戏。目前，这个成长守护平台运行良好，很多家长都在使用，效果也十分明显。

2019年3月，腾讯游戏推出“儿童锁”功能，13周岁以下未成年人需要家长“开锁”才能玩游戏；后来又启动“16+”模式，只有年满16周岁的人才可以获得系统授权、直接登录游戏体验，而且，年满16周岁的未成年人还会受到健康系统防沉迷规则的约束，每天限玩2小时。

当然，这还远远不够。马化腾认为，最重要的还是要进一步发挥游戏的正向价值，杜绝对游戏妖魔化现象。“比如说微信最近的‘跳一跳’（游戏），也有很多老年人反馈说觉得很好，防止大脑痴呆，他们觉得这个挺好玩的，又简单。”马化腾举例说道。

## 腾讯游戏：用心创造快乐

回顾过去十多年的发展历程，腾讯游戏始终坚持的是“用心创造快乐”的品牌理念。无论业务形态如何，马化腾希望腾讯游戏为用户创造快乐的心是始终如一。也正因如此，腾讯游戏才找到属于自己的产业空间，通过在多个产品细分领域的耕耘，打开了一扇又一扇成功的大门。

2003年，QQgame的登场，是腾讯游戏的起步，它也开启了腾讯的创造快乐之路。一路走来，每一款游戏的推出，每一点成绩的取得，都记录着腾讯游戏与玩家们共同成长的点点滴滴。

### 用快乐打开市场大门

在腾讯刚进入游戏行业的那几年，国内游戏厂商的普遍观念是游戏能赚钱就可以了，不一定非要做精品。马化腾则不同，从一开始就强调腾讯要做精品游戏，希望以精品为用户创造快乐，以精品拉开与对手的差距。所以，马化腾会在优质游戏上投入许多资源，一款游戏有时会反复修改好几年，如此，最终推出后，成功的概率就非常高。

在国内游戏界，“运营网游”在很长一段时间内几乎是一个“固定用语”，运营、研发被认为是相互独立甚至相互矛盾的。在经过初期运营、自研两个方面的诸多尝试后，马化腾于 2006 年提出了代理与自研并重的游戏战略。马化腾认为，市场需要海外的精品游戏，但是单纯的代理模式并不能完全满足中国本土玩家的需求。此后，代理与自研并重的游戏战略被腾讯游戏坚持多年，并取得了卓越成效，不仅有 DNF、CF、LOL 等大热的代理游戏，也有《御龙在天》《斗战神》等成熟并广受玩家欢迎的精品自研游戏。

此外，在 2007 年之前，国内游戏市场几乎没有细分的概念，主流网游大多是 RPG（角色扮演）类。2008 年，马化腾又提出细分市场的战略，腾讯游戏相继发布《QQ 飞车》《QQ 炫舞》、DNF、CF，强攻竞速赛车、音乐舞蹈、动作格斗、SFP 这些细分领域。马化腾认为，腾讯游戏应该按照自身的思路去做细分市场，用心为玩家创造快乐，而不是盲目地跟着竞争对手跑。如今，细分市场已经成为众多游戏厂商的必争之地，而早已实行细分战略的腾讯游戏则已经立于不败之地。

**用快乐赢得用户**

虽然腾讯游戏一直在变化和创新，侧重点也有休闲游戏、网游、手游之分，但其核心却只有一个，那就是用户。正如马化腾所说，“腾讯游戏最大的优势是团队追求坚持不懈地对亿万用户需求的聆听和把握”。腾讯游戏之所以能取得今时今日的辉煌，很重要的一个原因就是始终重视用户体验，用心创造快乐。比如，QQgame 从诞生那一天起，新玩法、新体验就一直在注入，用户在 QQgame 里可以轻松地享受到丰富多样的休闲游戏。再如 CF，这款游戏作为腾讯代理 AVA 的“陪嫁品”,在韩国表现很一般,可经过腾讯游戏的改版、设计后,被定位为“新用户也能轻松参与的射击网游”,最终大受欢迎,成为爆款网游。

马化腾深谙用户的重要性,知道选择的权力始终都在用户手中。因此,他在腾讯游戏部门专门设立了用户需求调研部,以先进的互联网技术和方法论对用户数据进行调研和分析,并深入到网吧去了解用户,从而掌握了用户最新、最真实的需求,做出了有高度针对性的产品设计和营销推广。

腾讯游戏的大量经典游戏都是在上述背景下产生的,如《御龙在天》《斗战神》等。了解用户喜欢什么样的游戏题材、人物设置、战斗方式等,就能在游戏设计中给予最好的呈现。以《王者荣耀》为例,在制作初始,开发团队就被告知要达到“即使没有玩过网络游戏,也能轻松上手”的效果,没有门槛的游戏更容易普及,再加上丰富的游戏内容,为《王者荣耀》成为国民第一手游奠定了坚实的基础。

对用户的“后期体验”,马化腾也十分重视,这其中包括为用户创造一个安全、公平、快乐的游戏环境,不断为游戏加入新的元素以持续丰富用户体验,为用户搭建“腾讯游戏嘉年华”“腾讯游戏竞技平台”“腾讯游戏公会”“腾讯游戏爱心联盟”等互动平台、全民竞技平台、公会发展平台和公益平台。需要指出的是,在营销上,马化腾并没有钻进低俗营销的怪圈,而是坚守底线,建立了腾讯游戏在玩家心中的良好印象——游戏是快乐,也是正能量。所以,我们才会看到腾讯旗下同时拥有很多款热门游戏,而且这些游戏往往有着很长的生命周期。

### 用快乐改变整个游戏产业

在一个产业中,如果企业想要做大做强,就要努力去影响、改变这个产业,否则就总会疲于跟随和适应,一旦有一天掉了链子,就很可能被淘汰,游戏行业也如此,且更为明显。在中国游戏行业,最先崛起的盛大游戏教会了大家运营为王，完美时空则让大家发现做好研发也可以很好地生存，这在很大程度上改变了整个游戏产业。腾讯游戏对游戏产业的改变，是如何让整个游戏产业更加规范、成熟，所以才会有健康游戏、细分市场、精品战略、“代理 + 自研”、品牌为王等多种具有时代意义的经营理念的提出。

腾讯游戏的深刻洞见给游戏产业带来的深远影响和改变，在马化腾开始布局泛文娱这个千亿级大市场后，表现得尤为明显。根据腾讯游戏的泛文娱战略，游戏已经被升华为第九艺术，而经营的范围已经扩展到了动漫、文学、音乐、电影的多个领域。

泛文娱很有挑战性，也有无限的机遇。对此，马化腾已经做好了各方面的准备。来自迪士尼、集英社等国外合作伙伴的创意和作品被源源不断地引入腾讯动漫平台。谭盾、蔡志忠、尹鸿、陆川、古力九段等各领域的杰出人物与腾讯游戏在音乐、动漫、影视、校园创意大赛、棋类等领域达成深入合作。此外，腾讯游戏还与中国棋院、中国艺术研究院、中国舞蹈家协会达成战略合作，这些部门将在棋类赛事与文化的推广、影视等多种艺术的研究、舞蹈赛事及“时尚舞蹈文化”的推广等方面与腾讯游戏展开深入合作。

假如说前十几年我们还能看到腾讯游戏有野蛮生长的印记，那么，未来十年，我们将看到腾讯泛文娱的遍地花开，而在这其中，快乐将是腾讯游戏永恒不变的主题。

# PART 5

## 前路——未来已来

在这个时代，开放者赢，中央控制者输。

——凯文·凯利《失控》

这个新时代，不再信奉传统的弱肉强食般的“丛林法则”，它更崇尚的是“天空法则”。所谓“天高任鸟飞“，所有的人在同一片天空下，但生存的维度并不完全重合，麻雀有麻雀的天空，老鹰也有老鹰的天空。决定能否成功、有多大成功的，是自己发现需求、主动创造分享平台的能力。

——马化腾

# 第 14 章

## 布局：全面出击，领跑新赛道

当前，互联网正在由表及里地与各行各业深度融合，这是互联网和传统行业发展的最优选择。马化腾指出，“我们越来越需要关注整个互联网生态可能产生的外部性、需要去研究万物互联可能带来的风险与隐患，也越来越深刻地意识到自己肩负着沉甸甸的责任”。那么，关于未来，马化腾是如何布局的呢?

## 马化腾的焦虑与腾讯的布局

众所周知，在目前中国乃至世界互联网行业中，腾讯都是一家无比强大的企业，它拥有几乎垄断的平台、庞大的用户群和源源不断的现金流，一些小的问题和危机基本上不可能对腾讯造成致命威胁。但是，马化腾依然表示，别看腾讯现在这么强大，其实也是充满焦虑的，他说："互联网是个变化很快的行业，竞争非常激烈。12 年来，我最深刻的体会是，腾讯从来没有哪一天可以高枕无忧，我们每天都如履薄冰，始终担心某个疏漏随时会给我们致命一击，始终担心用户会抛弃我们。"

的确，在互联网领域，产品和用户需求的变化实在是太快了，对研发技术能力的依赖也太深了。在互联网领域，没有侥幸，没有永远的第一，甚至也没有对错，只要用户没兴趣了，就会被淘汰，这是互联网行业的残酷之处。为此，马化腾还曾在著名的网络问答社区知乎上发布提问："整个人类处于互联网发展的哪个阶段？下一个十年，互联网升级的大致方向在哪里？"

互联网技术正处在不断升级的过程中，抓住未来的大方向才能立于不败之地，成就伟大企业，这一点在历史上已经得到证明，比如腾讯和阿里这两大巨头，腾讯抓住了社交网络，阿里抓住了电子商务。不过，在下一个主流技术趋势到来的时候，是否还能够抓住呢？这是马化腾在知乎上提问的原因，也是他的焦虑所在。2017 年参加“两会”期间，面对《第一财经》记者的访问，马化腾也同样谈到了这个问题，他表示，腾讯总是提科技，其实也是焦虑所在，“掌握技术才能保证战略制高点，否则当一个浪潮来了的时候，为什么有的能做到，有的做不到？技术是一个不可逾越的东西”。

为了摆脱这种焦虑，最近几年，马化腾带领腾讯从两处布局：“一是如果你自己不理解用户喜欢什么，那你应该找能理解这些的人让他到前面去闯，让他们多和年轻用户接触，了解需求；二是投资一些这样的企业和产品。”

目前，腾讯在不断研发新产品的同时，也在布局众多不同领域，探索出了一种“去中心化”模式，其触角已经遍布中国乃至全球的社交、游戏、文娱、新零售、出行、企业服务等多个行业。比如，网络社交要用微信、QQ，付款用微信支付，点外卖用腾讯投资的美团，出行用腾讯投资的滴滴打车、摩拜单车，购物用腾讯投资的京东，看影视剧用腾讯视频，听音乐用 QQ 音乐，看小说用腾讯旗下的起点中文网、创世中文网、红袖添香等，空闲的时候则有腾讯游戏……腾讯所涉及的领域已经涵盖了我们生活的方方面面。

对于马化腾来说，将社会和经济视为腾讯所处的生态，而不是仅仅局限于传统意义外界对腾讯的定义，这不仅是摆脱自身焦虑的需要，而且是腾讯未来发展的动力来源和决策之本，正像他在阐述“数字化”时所说的：“在数字化背景下，不同产业和区域的生态之间，开始发生越来越多的关联。它们可能将不再羁于行业、地域等因素带来的条块分割，紧密地交错起来，让跨界地带产生丰富的创新空间，从而形成一个‘数字生态共同体’。”

不难看出，在马化腾眼里，未来的互联网巨头不仅要自身足够强大，还必须能够让整个社会和经济变得更为强大，然后再从增加的社会总价值中分得一部分。那么，有哪些领域是马化腾所看好，是腾讯所要布局的呢？目前来看，有新零售、云计算、泛文娱、人工智能、全球化这几个大的方面，下面我们来逐一了解。

## 争抢新零售，有利器也有瓶颈

2016 年，新零售横空出世！

新零售是面向未来消费者的一种全新的零售方式，也是一种全新的商业模式，其定义是“以消费者体验为中心的数据驱动的泛零售形态”，核心价值是最大限度地提升全社会流通零售业的运转效率。

在“阿里 VS 腾讯”两极化互联网格局中，针对新零售，马云是提出者，也一直在组织架构上进行调整以更好地执行这一战略。至于马化腾，在最开始的时候，一直保持着超然的态度，尽管腾讯也提出了“智慧零售”的说法，但只是停留在口号层面，缺乏纲领性的政策和战略部署。

但是，随着阿里巴巴在线下不断收编实体零售企业，马化腾的超然姿态渐渐被打破，也开始布局新零售。

2017 年 8 月 28 日，腾讯的微信实体店 WeStore 在广州 TIT 创意园（腾讯微信总部）开业。它不仅是微信品牌的代言人，还是小程序官方线下购物的体验店。

WeStore 只售卖微信官方周边产品，开业仅仅几个小时，大部分商品就售罄了。

WeStore 走的是极简风，文艺气息十足。商店强调购物体验，通过展示厅、周边商店和咖啡厅，带顾客一边了解微信的发展历史和现状，一边体验购物。

在店里，各种商品充满了微信的元素。比如，各种熟悉的大黄脸的微信表情冰箱贴、红包抱枕、红包环保袋、微信钥匙挂件等。

WeStore 全程通过小程序能力实现线下选购、付款和提货。微信的便捷与广泛吸引了各个年龄阶段的用户，所以它的周边产品也覆盖了几乎全年龄层的人群，群众基础广泛，加上庞大的流量资源，腾讯顺势推出 WeStore 体验店，其发展的潜力不可小觑。

WeStore 与韩国的 Line 表情商店有点像，都是利用社交软件推出周边产品。

Line 是韩国互联网集团 NHN 推出的一款即时通信应用软件。“聊天表情贴图”是 Line 吸引用户的利器。超过 250 种表情贴图让用户在使用 Line 时多了一个有趣的心情传达工具。2013 年 4 月底 Line 表情商店推出，用户可以在里面付费购买表情。据 NHN 透露，2013 年 8 月虚拟表情的销售带来了 3 亿日元（约合 2300 万元人民币）营收。

其实，腾讯涉足线下实体店 WeStore，重点并不在于这家店本身，更大的意图显然是为了展示小程序在新零售大潮中的使用场景。

针对新零售，在线上，阿里巴巴已经做到了极致，现在依靠强大的电商平台、海量的消费数据、雄厚的资金实力、先进的科学技术，极力开拓线下，促进线上线下融合，进行完整的新零售布局。这为马云的目标“世界第五大经济体”奠定了基础。

与阿里巴巴相比，腾讯目前与线下实体零售业发生关系最多的是三个彼此孤立的部门，它们分别是微信支付、微众银行及投资并购部门。而它们事实上也正是马化腾布局新零售的三个利器。

首先是微信支付。微信支付大面积与线下实体零售店发生关系是在 2015 年，它与支付宝一样，赶上了移动支付的浪潮。微信支付只是表面，其背后是整个微信生态圈对实体店的赋能。“微信支付 + 微信公众号”可以与零售企业自身的 CRM 系统（客户管理系统）打通，从而将传统的 CRM 系统转化为在线的、双向的系统，而且伴随消费者每一笔微信支付，零售企业都会自动增加一个潜在的会员。在零售企业内，最早与微信支付合作的是天虹商场。天虹商场将原来的会员系统接入了天虹微信公众号后台的社交化CRM系统中，此举不仅降低了传统CRM系统运营成本，也使得CRM系统具有了移动社交属性。

其次是微众银行。微众银行是腾讯联手百业源、立业集团等多家著名民营企业发起设立的国内首家民营银行和互联网银行。微众银行针对线下零售企业开展的会员布局，可以将自身业务从金融领域延伸到商品领域，对传统的商品流通体系进行重构。这将是极具颠覆性的运作。目前，微众银行已经与包括沃尔玛、步步高在内的多家零售企业达成战略协议。

最后是投资并购部门。投资并购部门隶属腾讯企业发展事业群，之前的业务一直都是围绕互联网展开。2017—2018年，腾讯不断入股、收购线下零售企业，在这种大势下，投资并购部门未来无疑将成为腾讯布局新零售最有成效的利器，甚至有可能将它打造成盒马鲜生那样的工具系统。

当然，除了优势，腾讯在争抢和布局新零售上也存在瓶颈。一直以来，腾讯之所以没有像阿里巴巴那样密集布局线下，并非不愿而是不能，因为它既没有阿里“新零售”那一套可落地的战略，也没有像盒马鲜生这样的实施工具。此外，马化腾多次表示，在互联网时代，腾讯要做“去中心化”的赋能者，并不会去掌控别人命脉。这种“去中心化”的理念，自然更符合互联网公平开放的原则，但问题是新零售这场战斗中，面对阿里巴巴的攻城略地，这种理念反而会成为腾讯的一大瓶颈。因此，腾讯要想阻挡阿里巴巴在新零售上的猛烈攻势，最要紧的是要做好两件事情：一是制定系统化、可执行的战略；二是打造（或者并购）类似盒马鲜生模式的产品，并进行扩张。当然，这样做法会违背马化腾“去中心化”的初衷，如何取舍，这是马化腾及其他腾讯高层接下来要慎重考虑的问题。

## 发力资本，投资多家“独角兽”企业

纵观腾讯的发展史，不难发现，其经历的是一条从模仿到互联网公敌再到行业带头大哥的特殊路线。

让我们将时间拉回到 2010 年，当时，马化腾正苦于无法让腾讯在社交领域以外获得更多的成功，结果一场惨烈的 3Q 大战，反倒成就了腾讯的“开放”之路。在一片抄袭、垄断的质疑声中，马化腾邀请各界杰出人士共同“诊断腾讯”。在这场历时一个多月共计 10 场的诊断会上，一向低调的腾讯高管悉数出场，接受各行业专家的挑刺和建议。在经历了一场自上而下的、彻底的战略反思后，腾讯打开了开放大门，真正开始从“一棵大树”成长为“一片森林”。

假如说用户和员工是腾讯生存的两条生命线，那在马化腾看来，合作伙伴就是腾讯的第三条生命线，他自称腾讯喜欢留“半条命”，把另外半条命交给合作伙伴。马化腾指出，腾讯的愿景并不是成为一家传统意义上的超级大公司，而是渴望“去中心化”，生长成为一个开放的生态型组织。在这个组织中，“连接”和“赋能”是腾讯的价值和角色所在。

实施开放策略以后，马化腾不再是让腾讯“什么都做”，而是以较为激进的投资方式切入多个领域。比如，入股万达、京东、饿了么、海澜之家，投资滴滴、斗鱼、同程旅游……

Mergermaket 的报告显示，2012—2017 年，腾讯五年内并购投资总额为 625 亿美元，其中仅 2016 年一年，投资就高达 213 亿美元，腾讯当年总收入为219.03亿美元，也就是说，相当丁拿出当年总收入的97%做了投资。腾讯的这种变化让曾经一手发起3Q大战、被称为“红衣大炮”的周鸿祎感慨连连：“腾讯最明显的变化就是过去什么都自己做，结果成了行业公敌，现在是在不少领域采用投资的方式去切入。”

需要指出的是，马化腾发力资本，在众多领域投资的目的并不只是财务上的收益，更重要的是给自身的发展筑起“护城河”以及长远的布局，腾讯给被投资者的，也不只是金钱，绝大多数时候还有技术上的支持和服务。比如，在搜狗的招股书中就提到，2017年6月，搜狗有大约38.2%的搜索流量是由腾讯带来的，而且，在2017年10月，腾讯就已经开始测试搜狗搜索与微信的整合，以便更好地支持搜狗。

2017年腾讯全年收入2377.60亿元人民币（约合363.87亿美元），比2016年全年收入增长56%。虽然游戏及游戏相关业务收入占比仍然过半，但基本上已经甩掉了“游戏公司”的标签，成为在社交网络、互联网金融、智慧零售、影视娱乐等多个领域举足轻重的平台型公司。尤其值得指出的是，在腾讯2017年投资的600多家公司中，滴滴、美团、B站、阅文、快手等“独角兽”企业，在为腾讯带来巨额投资收益的同时，也反哺了腾讯的产业生态，使其有了生生不息的“源头活水”。

腾讯的海外投资也是极为成功的，既成功投资了Snapchat这样一款火爆美国的“阅后即焚”的照片分享应用，也成功收购了Supercell和Riot这样的知名游戏公司。在海外投资上，腾讯的核心竞争力在于其能出得起高价格，总有大手笔之作，比如以86亿美元收购Supercell高达84.3%的股份，这个价格是其他公司所无法给出的高价，因为对于其他公司而言，有可能是赔本的生意，但对于腾讯来说，却是稳赚不赔的，最直接的原因就是腾讯享受着社交网络公司的估值。因此，收购Supercell对腾讯股价提升的作用是非常明显的。

腾讯海外投资的成功，最大的功臣是海外部门的核心负责人、腾讯首席探索官（CXO）网大为。网大为早在 2001 年就已经进入腾讯工作，在此之前，他曾在 MIH 工作，在腾讯最需要资金的时候，正是网大为引入了 MIH 的投资，帮助腾讯顺利度过了互联网泡沫时期。此外，网大为还曾为腾讯买下了 qq.com 的域名。网大为毕业于华盛顿大学，同时拥有加利福尼亚州大学伯克利硕士学位，对西方经济理论很了解，故深受马化腾的器重与信任。网大为是腾讯与海外沟通的重要接口，促成了腾讯大量的海外合作和交流，也极大地影响了腾讯海外的投资项目。

俗话说，“赠人玫瑰，手有余香”，无论是国内还是海外，腾讯每笔投资的背后，除了使那些被投资者受益，腾讯自身的帝国版图也正在日益扩大，体验到了投资丰收的喜悦。2017 年，腾讯参与投资的多家公司纷纷成功 IPO，有许多已经成为行业内的“独角兽”企业，让腾讯收获颇丰的同时，也让马化腾对投资市场有了更大的信心。

## 后发制人，押注“云计算”

“云计算”就诞生的时间而言还是一个比较新的概念，但其受关注程度却一年比一年高，目前堪称“火”遍全球。2010 年，美国成为全球第一个发布云计算战略的国家；2012 年，日本也开始积极推进云计算和大数据的发展战略；在中国，云计算在最近几年更是成为连接互联网和软件技术、服务发展的一个重大趋势。互联网界普遍认为，云计算领域在不久的将来必然会催生出一家千亿美元市值的公司，这千亿美元的市值是会落到已有的几大互联网巨头和高科技公司手中，还是会出现一个新的霸主，尚不能预料，但是，众多巨头对这个位置虎视眈眈，都不愿意错失市场前景广阔的云计算市场，却是不容否认的事实，腾讯自然也在其中。

腾讯进入云计算的时间虽然比较晚，但这丝毫不能阻挡其追赶阿里云、华为云等强大竞争对手的态势。而且，针对腾讯的云计算业务，马化腾也给予了极高的定位。在 2017 年 4 月 20 日召开的 2017 中国“互联网 +”数字经济峰会上，马化腾明确表示，对于腾讯的未来发展来说，最重要的定位就是提供云计算、大数据、物联网等基础能力。

在中国互联网众大佬中，马化腾行事向来低调，说得少，做得多，在云计算领域也是如此。事实上，腾讯近年来正在多个维度进行着数字化探索，押注云计算之心昭然若揭。比如，将故宫、长城、敦煌等很多中国传统文化 IP 数字化，包括推进“数字丝路”等；在医疗领域推出“腾讯觅影”，用人工智能快速筛查疾病……大数据、云计算、AI 等发展很快，目前已经扩展到政务、智慧城市等多个领域。

在马化腾看来，虚拟世界和现实世界已经开始深度融合。“数字中国的概念比数字经济更加延展，原来只是聚焦在经济上，现在社会上的很多事物都可以扩展，变成数字化。”马化腾说，“我们生活中还有很多事情可以数字化，这可以节省大量的时间，很智能、很快速，特别是在医疗、教育、养老方面，可以发挥巨大的作用。”

当然，尽管马化腾和腾讯十分重视云计算业务，但腾讯云所面对的竞争对手却异常强大。2016 年，摩根士丹利曾在一份报告中表示，中国公共云市场规模约 20 亿美元，而阿里云一家就占据了接近一半的市场份额。

腾讯官网上的公开资料显示，腾讯云是基于 QQ、QQ 空间、微信、腾讯游戏等海量业务的技术锤炼，从基础架构到精细化运营，从平台实力到生态能力建设。也就是说，相对于阿里云等竞争对手，腾讯云虽然目前处于劣势，但因为在数据资源等方面具有强大竞争力，所以，在云服务生态圈基本建成之后，腾讯云利用自身优势资源在云计算领域实现赶超的机会还是很大的。

2013 年，腾讯云发布。此后，腾讯云的开放程度逐年递进，从腾讯所擅长的社交、游戏等业务开始向其他领域渗透。2015 年，腾讯云全面向合作伙伴开放，业务拓展到电商、O2O、互联网金融等领域，这一年，腾讯云同比增长超过 100%，超过游戏平台与微信的增长，在腾讯众多业务中是增长幅度最大的。2016 年，腾讯云继续领跑游戏云市场，服务游戏达数万款。在“互联网 +”领域中，腾讯云也已开始发挥基础设施能力，向业界输出整体智能服务和制造解决方案，并成功与人民日报、中国广核集团等传统企业达成战略合作。2016 年，腾讯的云服务收入同比增长逾 2 倍。到了 2017 年，腾讯云加快市场拓展和技术更新的步伐，在工业、天文、金融、治安、政务、零售、文化等行业全面出击，扩大业务范围。2017 年 8 月，全球知名的投资机构德意志银行发布了一份中国互联网行业的报告预测，到 2020 年，中国的“公有云”市场将不是阿里云一家独大，而是会出现阿里云、腾讯云、华为云三足鼎立之势。德意志银行还预测，从 2017 年开始的四年时间里，腾讯云的营收将从 33.14 亿元增长到 290.96 亿元。

作为基础设施业务，在马化腾看来，腾讯云得到的重视力度和资源投入只会不断加大，而且，腾讯云在过去几年也已经证明了自己的强大的实力。如果能够继续赶超之势，加速逼近阿里云，那么未来中国云计算市场很有可能会再次形成“双马争锋”格局。在移动支付和新零售领域，阿里巴巴都曾经遥遥领先，现在却已被腾讯全面赶上，或许在未来的云计算市场，也会上演类似的故事。当然，这还需要时间给出答案。

## 布局泛文娱千亿级大市场

从 2012 年开始，在游戏以外，腾讯开始广泛涉足泛文娱业务，腾讯动漫、腾讯文学、腾讯电影、腾讯音乐等业务相继推出。2014 年，在卖掉搜索和电商业务之后，马化腾对泛文娱市场更是不断加码。据投资界不完全统计，腾讯投资泛文娱类企业已超过百家，其中不乏斗鱼直播、哔哩哔哩、盛大文学等行业“独角兽”。对于泛文娱这个千亿级的大市场，马化腾已经完成了从内部孵化到投资并购全面布局，形成了从 IP 开发到制作投放的产业链闭环，正在试图用新的方式建立自己的泛文娱帝国。

**打造精品动漫 IP**

动漫是腾讯进入泛文娱市场的切入口，早在 2012 年就已经成立，发展至今，已经跃身成为国内最具规模的动漫平台。尤其在最近几年，腾讯动漫打造了多部质量与口碑俱佳的动漫作品，旗下的《一人之下》《狐妖小红娘》和《从前有座灵剑山》等都已经成为经典国漫 IP，连动漫产业最为发达的日本也着手引入这些 IP，且播出后，大多受到了日本观众的喜爱。在动漫领域，腾讯的商业目标始终是打造精品动漫 IP。

**自带强 IP 的腾讯影视**

2014 年 6 月，腾讯进军电影界，宣布参与出品多部大片，其中包括《天将雄师》《钟馗伏魔：雪妖魔灵》《痞子英雄 2：黎明升起》等，接着又推出了实体业务平台腾讯电影。从战略上讲，腾讯影视的目标并不是要成为一家传统的电影公司，而是要做一家互联网生态型电影企业。腾讯的影视主要依靠自身资源布局电影、电视剧以及动漫产业，并有强大的团队开发、拓展以及推广渠道，已经形成了一套成熟的产业链闭环。

**手握大 IP 的文学**

2015 年 3 月，腾讯收购盛大文学，整合后成立阅文集团，阅文集团统一管理和运营原本属于盛大文学和腾讯文学旗下的起点中文网、创世中文网、潇湘书院、红袖添香、小说阅读网、云起书院、QQ 阅读、中智博文、华文天下等网文品牌。自此，腾讯系网络文学市场份额也随之超过半壁江山，更关键的是腾讯从此掌握了大量优秀的网络文学 IP，仅仅是网络文学改编市场就占了 90% 以上的份额。网络改编作品中，影视、游戏、出版领域最热门的作品几乎全部来自阅文，如《鬼吹灯之精绝古城》《余罪》《陈二狗的妖孽人生》《择天记》等超级网剧均出自阅文。得 IP 者得天下，背靠阅文集团，腾讯自己开发 IP，结合动漫、电影、电视剧、游戏等，腾讯文学的价值必然能得到最大开发和挖掘。

**音乐：合并和版权之争**

在经历了互联网以及新时期的消费升级后，中国网民的音乐消费需求更加多元化、个性化，如何为用户带来更多丰富的体验，是未来在线音乐平台的核心竞争力所在。腾讯、阿里、网易，三大音乐巨头都在试图打破音乐边界，探索适合自己的新玩法。腾讯音乐提出的是“泛娱乐”概念，包括以 QQ 音乐、酷狗音乐、酷我音乐为核心的数字音乐平台，以酷狗直播、酷我聚星为主的演艺直播业务，还有全民 K 歌、腾讯音乐人、5sing 等音乐社区业务。这种以版权为基础，通过演艺直播、K 歌等音乐社区业务增加社交和娱乐元素构建起的泛娱乐化生态模式，可以通过对新玩法的不断激活，为用户带来更加全面的新选择。

**转型后的 QQ**

在 PC 时代，QQ 和腾讯之间差不多是画等号的，是腾讯真正的核心产品。智能手机普及后，微信一夜爆红，QQ 在腾讯公司从“唯一”变成“之一”，而马化腾在公开场合，谈论最多的也变成了微信。但令人没有想到的是，在光芒四射的微信阴影下，QQ 居然只花了一年多的时间就成功转型。

QQ 成功转型的主要原因是引进更多的内容，尤其是娱乐内容。

社交与娱乐天然契合，社交为娱乐提供平台，娱乐则为社交注入具有活力的内容。转型后 QQ 已经不只是一个简单的通信工具，更像是一个娱乐社交平台，而且大数据显示，比起微信，当下的“95 后”“00 后”更偏向于使用 QQ。腾讯公司 2016 年第二季度财报显示，QQ 月活跃账户数达到 8.99 亿，每天登录的 QQ 用户中 60% 都是“90 后”。转型后的 QQ，和主打社交的微信已然不同，而是将焦点放在了娱乐社交上。因此，从泛文娱的角度讲，相比微信，QQ 在未来承担的责任更加重大。

## 人工智能：业务驱动，更重视场景

当无人超市出现在街头，当围棋第一人柯洁惨败于“阿尔法狗”，当刷脸就可以支付，当汽车进入“无人驾驶”的新时代……无论人们对于人工智能是憧憬还是担忧，它都已经“入侵”到我们生活的很多方面，并且正在越来越快地改变整个人类社会的走向。

人工智能的兴起是人类对未来世界向往的必然结果，作为国内始终走在科技前沿的互联网巨头，BAT 自然也不会对其熟视无睹。在人工智能方面，百度布局最早，阿里其次，腾讯是最晚进入的。

对于人工智能，李彦宏强调算法是改变世界的关键；马云认为数据更加重要，没有数据什么都不行；马化腾则表示，人工智能有四大要素：场景、人才、算法和数据，后三者都是基于技术层面，但如果没有场景落地，技术内容就是空壳。

2016 年，在百度早已入局人工智能三四年之久，阿里也入局有两年多之后，腾讯才低调成立 AI Lab（腾讯人工智能实验室）。腾讯 AI Lab 作为企业级 AI 实验室，依托腾讯丰富的应用场景、海量的大数据、强大的计算能力和一流的科技人才，专注于 AI 基础研究和应用探索的结合，希望为腾讯打造全面的 AI 能力，向愿景"让 AI 无处不在"迈步。AI Lab 专注于机器学习、计算机视觉、语言识别及自然语言处理等领域的 AI 基础研究。同时，基于腾讯自身需求，AI Lab 结合腾讯独有场景和业务优势，提出内容、游戏、社交和平台工具型 AI 四类应用探索，目前已打造出围棋 AI"绝艺"，技术也被微信、QQ、天天快报和 QQ 音乐等上百款腾讯产品使用。

在人工智能上，腾讯的劣势在于起步最晚，技术研究落后较多，于是想要通过投资优秀 AI 公司以及招募优秀人才来弥补底层技术上的短板。目前，腾讯 AI Lab 团队由 70 余位来自世界知名院校的科学家及 300 多位经验丰富的应用工程师组成，并与众多世界顶级院校与机构达成合作关系，共同打造"产学研用一体化"的 AI 生态。

另外，腾讯在人工智能上优势也非常明显。首先是应用场景极其丰富，遍布互联网、社交网络、文娱、媒体等日常生活的各个领域。其次是拥有庞大的用户基数，QQ 和微信分别拥有 6.5 亿和 11.51 亿的月活跃用户（截至 2020 年

1 月）。最后是完整的生态链，这其中包括游戏、电子支付、城市服务等能够产生庞大数据的体系。正是因为这些特色明显的优势，腾讯的 AI 技术开发更多的是业务驱使。刘炽平（腾讯总裁）在腾讯 2017 年第二季度财报发布后的分析师电话会议上就曾经表示："AI 是必备能力，可通过提升用户体验、加强精准定向技术及赋能生态系统合作伙伴的方式，让业务受益。""人工智能具有战略意义，我们会对 AI 进行持续、长期而有耐心的投资，因为我们坚信这是令人振奋的长远投资，而不是要在短期直接产生收入。另外，AI 也将在多个方面助力于我们现有的产品、服务与业务发展。"

如今，腾讯的人工智能技术已经在广告、资讯服务及金融科技等业务中得到广泛运用。比如，在移动支付、财富管理和小额贷款等金融科技上，腾讯已经能够利用人工智能来更加精确地预测用户在具体业务中的行为，这将有助于金融企业为用户提供最合适的产品，并进行风险管理。

除了自身相关业务，腾讯还在围棋人工智能程序、人脸识别以及医学影像等多个领域取得了突破性进展。2017 年 3 月，全球最具传统和权威的"UEC 杯"计算机围棋大赛在日本东京举行，由腾讯 AI Lab 研发的人工智能围棋程序"绝艺"最终从 30 个参赛程序中脱颖而出，以 11 战全胜的骄人战绩夺得冠军。8 月初，腾讯又正式发布了 AI 医学影像产品——腾讯觅影，其中的早期食管癌智能筛查系统，筛查一个内镜检查用时不到 4 秒，对早期食管癌的发现准确率高达 90%。

目前，腾讯的人工智能能力已经开始全面开放，中小开发者可以直接在腾讯的人工智能平台上购买开发人工智能产品相关"能力"。类似的开放，百度和阿里早已陆续开始，腾讯暂时"落后"。可以预计，人工智能领域未来的竞争将进入新的高潮。对此，马化腾也有着明确的判断："现在大家谈 AI 优先，一切都 AI 优先了。我们的判断是风口确实到了，我们现在看到每个领域后台、前端都需要考虑未来跟人工智能的结合，否则你可能失去先机。"

## 加快全球化布局

凭借 QQ 和微信这两大社交“利器”，马化腾始终站在中国社交网络的最高峰，可谓是“会当凌绝顶，一览众山小”。而腾讯在游戏、广告、投资等其他领域的突出表现，也都直接体现在了每一年的财报业绩中。

如今，腾讯已经在国内赢得了足够的互联网红利，因此，无论是社交、游戏，还是其他产品，马化腾都需要加快全球化布局。

那么，腾讯全球化在最近几年都有哪些动作？对其社交和游戏等核心业务，马化腾又是如何在全球布局的呢？

**投资并购风格：先投基金，再投公司**

回顾腾讯历年来的投资案例，不难发现，主要是聚焦在其自身的两大主要业务——社交和游戏，其海外投资以美国为主，同时也在韩国、日本、印度、俄罗斯、以色列等国广泛布局。

在社交领域，马化腾的感觉异常敏锐，先后投资了美国的阅后即焚应用 Snapchat，匿名社交应用 Whisper，并向加拿大消息应用开发商 Kik Interactive 注资 5000 万美元。另外，早在 2012 年，腾讯就购入了韩国领先的移动信息服务提供商 Kakao 的若干股权。在游戏领域，腾讯最成功的海外投资项目是收购了 LOL 的开发商美国的拳头公司。

马化腾的海外投资风格倾向于与基金机构共同投资第三方公司。这种与国外知名投资机构共同投资的战略，十分有利于腾讯快速融入当地企业文化。在马化腾看来，这种投资模式还有一重好处，那就是在优质投资机会稍纵即逝、海外市场环境又相对复杂的情况下，与当地知名投资机构合作，可以少走弯路，“少交学费”。

**游戏全球化：引入 IP，并将国产游戏推向海外市场**

目前，中国已经是全球最大的移动游戏市场，美国、日本和韩国紧随其后，而在这三个国家，腾讯都有投资游戏公司的成功案例，这也为其成为全球收入最高的上市游戏公司做出了巨大贡献。

通过投资并购实现游戏全球化是腾讯的一大战略。腾讯最早是将海外（主要是韩国）受欢迎的游戏引入中国，又通过在海外投资的游戏公司将腾讯游戏推向海外市场。此外，腾讯也积极从海外引入一系列 IP，为共同研发游戏作品储备了足够“弹药”。对于腾讯这样的综合性互联网公司来说，引入游戏 IP 不仅作用于游戏产品本身，还可以为腾讯互娱部门其他板块如影视、动漫、电竞等提供补充，更有利于将腾讯游戏推向国际市场。

**腾讯云全球化：对外开放独家海量的互联网服务经验**

云技术在全球已成为一种潮流。在美国，亚马逊、微软、谷歌等企业的云服务都为美国企业全球化奠定了基础。在国内，BAT 等互联网大公司在云技术上也是动作频频，阿里巴巴在硅谷、新加坡等地上线云中心，百度开放云也早已宣布开放其“技术能力”，腾讯在最近几年则一直在加大云技术上的投入，以用于腾讯云的基础设施建设和运营。

腾讯云相关负责人表示，中国企业需要的是服务全球海量用户的能力。中国近 9 亿的海量移动互联网用户每天使用的服务，绝大部分都架设在腾讯云这样的大型云服务商的数据中心上。随着客户群的全球化，腾讯云也在加速其自身的全球化。

**WeChat 全球化：先聚焦亚洲市场**

微信在国内已经没有对手，接下来所要面对的机遇和挑战是如何加快 WeChat 的全球化步伐。

即时通信软件的一大特点是，一旦占领一个市场，其地位就很难再被撼动。从当前的市场格局中可以看出，WhatsApp 在欧美，Line 在日本，Kakao Talk 在韩国，都已经建立起强大的先发优势。WeChat 在全球各大市场虽然都有布局，但在马化腾看来，其重点是避开那些强大的对手，先提升新兴市场的用户参与度，因此，WeChat 的全球化目前相对聚焦在东南亚市场，包括印度尼西亚、泰国、新加坡、马来西亚等国家和地区。

# 第 15 章

# 王者：马化腾的七张面孔

每个人都有多面性，马化腾同样如此。在人们心目中，马化腾有其“活跃”的一面，如模仿大师、全民公敌、新科华人首富，但这些都不是为人们所称道的，甚至当选华人首富，也有颇多争议。而作为一名沉静性领导者，马化腾对产品细节的执着、在公益慈善事业上的付出、生活中的耿直本色，却不太为人所注意，这不能不说是一种遗憾。

## “模仿大师”

和国内大多数成功的互联网公司类似，马化腾的成功也是从模仿开始，但或许是因为模仿得太过成功，对于马化腾的模仿，很多人是持否定和攻击态度的，新浪网创始人王志东就曾直言不讳地说道：“马化腾是业内有名的抄袭大王，而且是明目张胆地、公开地抄。”

的确，无论是即时通信工具、门户网站，还是网络游戏，甚至电子商务，初看上去，马化腾无一例外都是在“抄袭”既有模式。QQ 抄袭 ICQ，门户网站抄袭搜狐、新浪，网络游戏抄袭网易、盛大，电子商务抄袭淘宝。然而，如果仔细分析，就会发现问题其实并没有那么简单，因为马化腾无论“抄”什么，最后都能青出于蓝而胜于蓝，将对手甩在后面，当然，电子商务是个例外。如果真的抄袭，是不可能做到这一点的。正如马化腾所说：“最聪明的方法肯定是学习最佳案例，然后再超越。我不争第一，没意义。”因此，马化腾的行为用模仿来描述才是更为准确的。

关于模仿，马化腾认为“并不丢人”，比起“抄袭大王”，他也更喜欢外界将他称为“模仿大师”。更加可贵的是，面对腾讯“模仿什么火什么”的局面，马化腾始终保持着理性的克制，从不盲目跟风，更不会无端创新。在马化腾看来，模仿成功有两个基本条件 ：“第一是选择模仿的对象 ；第二是把握模仿的时机。”马化腾还给这种模式取了一个高大上的名字—— “第三者的颠覆型模仿”。曾担任腾讯研究院副院长的郑全战对此也有独到的看法，他说 ：“技术上的成功并不等于商业上的成功。我们不应该重复发明，而是要在其基础上开发性能更好或者价格更低的东西，或者将现有的发明与其他的技术结合起来，创造更加实用的东西。”

马化腾和郑全战所要表达的其实是这样一个观点 ：创新不是无中生有，任何创新都是站在前人的肩膀上。何谓站在前人的肩膀上，那就是模仿。

创新是需要模仿的，在有了后知之明后，模仿者更能避开早期产品的各种缺陷，从而获得进一步的创新，当然，也能获得更大的利润。马化腾带领下的腾讯，在很长一段时间内，走得一直是这样一个路子。

腾讯模仿最成功的产品无疑是 QQ。QQ 在设计之初就确定要借鉴 ICQ 的成功经验，充分考虑用户的使用习惯与需求，实现通信的便捷。以此为出发点，马化腾将自己定位成一名挑剔的用户，针对产品的“缺陷”下功夫，比如，ICQ 只能按照用户提供的信息寻找好友，QQ 则可以通过网上查询直接寻找好友。QQ 虽然是模仿品，但像离线消息、QQ 群、魔法表情、移动 QQ、炫铃等确实都是腾讯的创新。正是这种在模仿基础上的产品创新与技术革新，QQ 才获得了庞大的用户群，为腾讯帝国的建立打下了坚实的基础。

除了 QQ，马化腾在互联网的其他很多领域也都通过模仿取得了成功，这不仅是因为拥有 QQ 这一强大的平台，也不仅是选好了模仿的对象，更关键的还是马化腾对于用户体验的理解。在接受媒体采访时，马化腾一直强调，技术出身的他在某种意义上不是公司的 CEO，而是公司的产品经理。正是凭借对用户体验的深入理解，马化腾才能让腾讯做出相较于被模仿者更出色的产品。

马化腾认为，在互联网领域，用户的选择始终是现实的，只有不断顺应其需求，才能获得成功。在他的带领下，通过模仿搭建起内部的创新体制后，腾讯逐渐步入了属于自己的创新之路。而且，腾讯的创新已经不仅局限于技术、产品等方面，还包括商业模式的创新以及用户体验的创新。在创新机制的建立上，马化腾也已经领先于众多竞争对手。早在 2006 年 10 月，马化腾就宣布投资上亿元人民币设立腾讯研究院，以吸引中国乃至全球范围内的科学家和优秀技术人员加盟。除将创新作为腾讯的核心价值观外，马化腾还建立了一个健全的创新体系和机制，让腾讯始终能够保持创新的活力，这也是最近几年，很少有人再说马化腾抄袭的一个根本原因。

## “全民公敌”

在当下所有互联网知名企业家中，马化腾应该是负面评论最多的一位，甚至被称为“全民公敌”。人们对于马化腾的“不满”远远要多过其他互联网大佬，例如马云、李彦宏、刘强东等。

在网上搜索以 QQ、马化腾、王者荣耀等为关键词的文章，无论文章本身是支持的还是反对的，下面如果有用户评论，那么几乎一半以上都是负面评论，甚至有很多谩骂和诅咒，比如，马化腾成为新科华人首富的新闻出来后，评论区就有很多负面评论。

在互联网界，马化腾最近几年风评不错，其人品和气度也多为同行甚至对手所推崇，已经不能用“公敌”来形容。不过，在普通用户那里，马化腾目前还是没有受到公正评价。

看上去温文尔雅、对中国互联网尤其是社交网络做出巨大贡献的马化腾为什么被视为“全民公敌”？这其中总归还是有一些原因的。

**腾讯主营业务是直接向用户收钱的**

和阿里巴巴、百度等企业相比，腾讯在主营业务上最大的一个不同就是面向用户的增值业务。具体而言，用户在阿里巴巴旗下的淘宝、天猫等平台买东西时，掏的钱并不是直接给了淘宝，而是给了淘宝上的商家，虽然阿里巴巴可以通过互联网金融等各种方式进行盈利，但用户根本不关心，这也就使得用户即使有什么不满，也很少针对阿里巴巴和马云。再来看百度，百度的主营业务和用户之间更没有直接的金钱关系，一直以来，都是以搜索引擎的竞价广告来盈利，虽然也曾因此遭受恶名，但毕竟用户没有给百度任何钱，因此，百度尤其是李彦宏本人就不会受到太多攻击。

反观腾讯，腾讯的主营业务是其增值业务，比如，QQ 会员各种钻，还有游戏，这些部分用户是直接掏钱给腾讯的，当然容易产生不满，一是掏了钱就永远会有要求，永远不满意；二是没掏钱的看到掏钱的享受特权，心中就会不爽。在互联网上，骂人的成本低到可以忽略不计，那么，不满意、不爽，当然就会有人骂。

**腾讯最赚钱的游戏业务让许多人深恶痛绝**

腾讯最赚钱的业务是游戏，而在中国传统的价值观里，依靠游戏赚钱总是不那么光彩的，尤其是当游戏的玩家主要是青少年时，就更容易引发人们的不满，上文讲过的手游《王者荣耀》就是一个很好的例子。

另外，腾讯和马化腾之所以在游戏上广受诟病，多少也有点马云的“功劳”在内，马云当年号称“饿死也不做游戏”——尽管现在也做，但他的这句话这些年来收获无数粉丝，自身也成为人们心目中有责任感的企业家。当时，阿里巴巴和腾讯之间的竞争还不像现在这样激烈，马云也并非有意指责做游戏的马化腾，但作为同级别的企业家，他的这句话，其实还是很容易让公众将矛头指向腾讯和马化腾的。

**3Q 大战的负面影响**

前文我们讲过，3Q 大战对腾讯是有很大的正面意义的，它促进了腾讯开放，但负面影响也是极大的，尤其是舆论方面。此战过后，在许多用户心中，腾讯是为了自身利益不顾用户的企业，尽管时隔多年，这场大战的细节已经被很多人所遗忘，但腾讯和马化腾的恶名却至今还没有完全消除。

**腾讯做了很多商业上正确但却不得人心的事**

有些事情，从商业角度以及对市场发展有利的角度来讲，是正确的，但从用户的角度来讲，却是有些不得人心的。比如，腾讯举报快播一事。快播确实触犯了法律，也扰乱了市场秩序，腾讯的举报从商业上讲无可厚非，也有利于市场发展，且其举报是走正规程序的。但此举却是不得人心的，快播被封杀，首先触犯的就是普通用户的利益，而这些普通用户中，有相当一部分是不管什么商业和市场的，谁触犯了他的利益，他就骂谁。

当然，腾讯此举完全是正义的，也是应该坚持的。事实上，腾讯最近几年仍然在做一些这样的事情，比如，花大价钱购买 IP，购买音乐版权、图书版权等。

对于被骂，被视为"全民公敌"，马化腾并不是不知情或者装作毫不在意，他曾经在一个开放的研讨会上表示："我在网上经常被骂，心理承受能力比你们想象得强，但这不代表我麻木。我希望各专家不要给我留情面，提出严厉批评，让我们很多潜在的问题提前暴露出来。这就像地震，通过不断挤压让危机爆发出来。"面对被骂，马化腾从不针锋相对，而是将精力转移到了产品端。或许，在马化腾看来，产品优化大于企业家口碑，与用户直接对话的毕竟不是马化腾，而是腾讯的产品。所以，只要做好产品，这些骂名自然就会逐渐消除。从现状来看，马化腾的看法似乎是正确的，通过对产品和市场的布局，腾讯和他所赢得的喝彩已经越来越多。不过，"全民公敌"这个社会上对马化腾的主观印象依然还存在，尤其是在普通用户心目中。因此，在做好产品的基础上，对于企业的品牌公关和个人的声誉管理，马化腾还是应该再多采取一些行动。

## 新科华人首富

2018 年 2 月 28 日，一篇名为《马化腾身家 2950 亿元成全球华人首富！马云降至第四》的文章在互联网上火了，各平台争相转发，网友们也纷纷留言评论，尽管其中有很多是负面评论，但马化腾成为新科华人首富这个既成事实却是无法改变的。

据这篇文章介绍，在胡润研究院发布的《2018 胡润全球富豪榜》中，马化腾以 2950 亿元人民币成为新科华人首富，全球排第 15 位，比上年上升 23 位。恒大集团董事局主席许家印和香港地产大亨李兆基紧随其后，马云排名第 4 位。

而在 2018 年 3 月 6 日发布的福布斯全球富豪榜中，马化腾也以 453 亿美元成为华人首富，全球排第 17 位，紧随其后的依次是马云、李嘉诚、许家印、李兆基等。

在最具权威的两大富豪榜中，马化腾都成了华人首富，可见其财富增长之迅速，这主要是源于腾讯股票在 2017 年的大涨。数据显示，2017 年腾讯股价上涨 114.4%，市值突破 5000 亿美元。

如果从 2004 年 6 月 16 日腾讯在港交所正式挂牌上市算起，腾讯股票涨幅更加惊人，当时，腾讯每股的发行价为 3.70 港元，而截至 2018 年 3 月，腾讯每股的最高发行价达到 646 港元，上涨了 174.6 倍。如果按照复权价格计算，涨幅则更为惊人。

正因为股价多年来上涨迅猛，在腾讯内部有这样一句话一直在流传："在鹅厂（指腾讯）上班，领工资是次要的，关键是用工资买自家股票。"

不过，对于腾讯市值突破5000亿美元，马化腾还是持谨慎的态度。他表示："千亿级（人民币）公司没落是很常见的事情；甚至到了千亿，没落的概率可能还会更高，包袱越重，没落越快。"

成立至今，马化腾一直在寻求改变。尽管以即时通信QQ起家，但如今的腾讯却已成为中国最大的互联网综合服务提供商之一，且有着强大的游戏和娱乐部门。

"我们最擅长的事情是做连接，QQ和微信是最重要的两个连接器，虽然定位不同，但承载的连接战略将一如既往，"马化腾指出，"它们共同覆盖了不同年龄、地域和喜好的用户，并将他们与服务最大限度地连接起来。"

2017年第三季度财报显示，腾讯季度收入652.1亿元，比2016年同期增长61%。其中，网络游戏收入增长48%至268.44亿元，社交网络收入增长56%至152.80亿元，网络广告业务收入同比增长48%至110.42亿元。

2017年底，腾讯频繁参与零售业，曾经在50天内，先后战略投资永辉超市、家乐福和万达商业等线下零售企业，就连男装品牌商海澜之家也于2018年1月确认向腾讯出让5%的股份。

除此之外，腾讯旗下多款游戏的营收也都傲视群雄。

有资金也就有底气。近年来，腾讯的发展显示出一种收割式的强势态度，收揽了各种重量级IP，一旦发现亮点项目，要么重金合作，要么直接购买，可谓攻城略地，势不可当。

腾讯的发展顺风顺水，马化腾的个人财富自然也是水涨船高，成功登顶华人首富。不过，虽然已经贵为首富，但和前首富王健林的霸气、马云的高调相比，软件工程师出身的马化腾却始终保持低调，在接受媒体采访时，他曾谦虚地说道："我们都是普通家庭，没什么特殊的，顶多是房子大一点，也不是说什么太大的变化，潮州人习惯喝粥还是这样。”

多年老友俞敏洪曾经这么评价他：“马化腾的个性温和内向，表面上不是个呼风唤雨的领袖型人物，但马化腾对技术的熟练、对产品的专注、对团队成员的重视，加上自己的勤奋和努力，在以理工男为主的腾讯，都是极其重要的领袖特征和品质。马化腾并不是个战略设计型人才，但确实能非常敏锐地抓住发展机遇，能够见微知著。”

俞敏洪对马化腾的评价可信度很高，也完全符合马化腾低调特质：聪慧敏锐，性格顽强，富有强烈的神秘色彩，外人很难从他的外表看到其内心丰富的精神世界。

马化腾的低调风格在收藏上也有明显体现。国内富豪往往喜欢买毕加索、莫奈等西方绘画大师的作品，而马化腾却喜欢收藏中国山水画，内藏底蕴又不显山露水。2013 年，马化腾买下了徐悲鸿的《四马图》，价值 1700 万元；2015 年，在一场拍卖会上，他又以 1000 万元买下了李可染的作品《蜀山春雨》，以 260 万元拍下黄胄的一幅小品画，以 750 万元拍下林风眠的《丛林小鸟》，以 650 万元拍下傅抱石的《深山访友图》。论及这些画作的价格，加起来恐怕都不如毕加索、莫奈等大师的一幅作品，但这些都是近现代中国画大师的精品之作，从投资和升值的角度来讲，肯定要比那些西方大师的名画更有潜力。低调之余，这也充分体现了马化腾作为商人精明的一面。

## 沉静型领导者

沉静型领导者是由美国哈佛商学院教授巴达拉克提出的，他在自己的著作《沉静领导》中这样诠释沉静型领导者：“他们选择负责任的、低调的、幕后的方式，来解决各种棘手的或者不棘手的问题，而不是扮演公众英雄。他们与传统意义上的大胆而勇敢的领导形象完全不符合，因为他们根本上不想那么去做。他们想要的，就是去做正确的事情，为了他们的国家，他们的组织，他们的同事，以及他们自己——但是，他们表现出沉静而不动声色。”

马化腾显然就是一个沉静型领导者，这不仅是因为他本人一贯保持低调、稳健的作风，也是因为在他的带领下，腾讯始终追求着“成为最受尊敬的互联网企业”的愿景，在激烈的市场竞争中不断求得生存与发展，尽管在很多领域原本都不是领先者，但作为市场追随者的马化腾所体现出来的沉静，却始终都让国内任何一个竞争对手感到害怕。

在互联网界，马化腾是出了名的好脾气，甚至可以说是一个很少生气的人，总是显得那么温文尔雅、彬彬有礼。除了个别极端的情况，比如，在腾讯拍拍网与淘宝网的对决中，马化腾就罕见地发了脾气。

当时，双方交战正酣，为了打击对方而互相挖人。结果是淘宝网在“挖人战”中取得优势，拍拍网一度极为被动，人心惶惶。为了减缓淘宝网的攻势，也为了缓和彼此的矛盾，马化腾曾致电时任淘宝总经理的孙彤宇，希望就相互挖人的不正当竞争行为达成一致。然而，可能是淘宝网当时正占上风，孙彤宇不愿意就此收手，甚至言辞间不乏挑衅，这让向来谦和沉静的马化腾瞬间被激怒了，当时就在电话里和孙彤宇争吵了起来。最后，马化腾明确表态：如果你要继续挖拍拍的人，我也绝不妥协，反过来继续挖你们淘宝的人。

除这次以外，似乎再没有见过马化腾与人争吵了。尽管在创业时期，马化腾与腾讯其他合伙人之间也有意见不合的时候，但大多时候，马化腾都能克制自己，扮演更多的是协调者和拍板者的角色。

马化腾平常很少做杂志的封面人物，更不用说上电视节目或者四处演讲了，与马云、雷军、周鸿祎等其他互联网大佬相比，他的确应该算是一个异类。在腾讯创业早期，有关马化腾的个人采访基本没有，即便有他的言论发表，也更多是代表腾讯的公司行为。最近几年，马化腾的曝光率高了很多，但基本上也是在例行公事。

“人在江湖，身不由己”，低调的马化腾当然也有高调的时候，比如，在宣布腾讯进军门户网站时，他就高调宣布：“我们会进入门户前三，前三中有一家会是新浪，另一家我不知道是谁。”当时，有许多人都希望在新浪和搜狐双雄格局的门户格局中抢得一席之地，但都没有做到，马化腾如此“口出狂言”，自然引来许多哂笑。最后，腾讯成功进入了门户前三，马化腾用事实证明，一向低调的人，一旦高调起来有多么认真和可怕。

马化腾气度儒雅、行事低调，但这样的沉静型领导者其实并不缺少称霸的决心和野心，甚至比一般的领导者更加强烈。比如，在决定进军门户网站的时候，腾讯的其他董事大多是持反对意见的，认为有太多人已经失败了，这里的风险太大，而且腾讯本身也缺乏门户网站人才的储备和相关运营传统。当时，马化腾说服各位董事的理由很简单：“腾讯的核心价值是用户，腾讯必须做一个用户黏性超强的平台，把这些用户尽可能黏住，产生相互关联。所以，我们必须进军门户！”听完马化腾的话，董事们在一瞬间体会到了马化腾身上的霸气和野心，最后的结果也是全票通过。

由此可见，马化腾尽管看起来有点内向、文弱，但心气还是很高的，在他那书生般儒雅清朗的外表之下，始终沸腾着不断进取之心。不温不火的低调姿态背后，他像所有具有强烈竞争性的领导者一样，牢牢地掌控着腾讯，引领着腾讯。

## 互联网首席产品经理

在中国互联网产业中，有一个群体，虽然隐藏在幕后，但却影响着数以亿计的网民，这个群体的名字就叫产品经理。随着互联网红利的爆发，产品经理在企业中扮演的角色越来越重要，以至于很多成名的互联网大佬都喜欢说："其实，我是一名产品经理。"马化腾就是其中之一，虽然他是腾讯这个互联网超级巨头的掌门人，但却始终保持着"产品经理"的心态。也正是因为有了这种心态，腾讯才能一直将用户的需求作为产品设计的核心。

产品是腾讯成功的起点，也是腾讯发展的目标，"一切以用户价值为依归"是马化腾始终坚持的经营理念，"通过互联网服务提升人类生活品质"则是腾讯一直以来的使命。有人曾经问马化腾关于自己的身份他最喜欢的描述是什么，马化腾回答说："我是软件工程师中的产品经理，最终要决定产品的走向、对用户体验的把握。"

创业至今，为了腾讯的可持续发展，马化腾一直在保持并提高着自己对技术的新鲜感，用他的原话说就是："我感兴趣的互联网产品，腾讯都做了，哪天如果让我遇到更新的，就想着自己的公司也赶快做一个。"相对于企业管理而言，马化腾也更愿意与人谈论自己对产品技术的体验和看法。他喜欢给腾讯的产品挑错，而且拥有一看到产品就知道编写代码的人有没有偷懒的特殊能力。这一点让很多腾讯员工痛并快乐着，痛是因为不止一名腾讯员工曾在凌晨时分被马化腾的电话叫起来去解决技术问题，快乐是因为在马化腾的这种对技术的挑剔下，员工们提高得都很快，也能在解决问题的过程中，单纯享受技术带来的愉悦。

一名腾讯前员工对此就深有感触。这名员工当时负责的是腾讯“蜂鸟”计划中的交互设计，是整个计划中最关键的一环。我们在互联网上经常看到交互设计模式是，当一方向另一方发出好友申请的信息并得到对方同意时，系统会弹出一个反馈框，框中出现“完成与立刻发起对话”按钮。当时，这名员工就是负责设计这么一款弹框，不过，他在弹框中设置的按钮一个是确定，另一个是取消。

完成这项设计工作后，这名员工把它提交给了上司，上司又抄送给马化腾。尽管对自己的设计有一定信心，但这名员工内心还是感到有些不安，因为，他清楚马化腾对产品要求非常严格。在忐忑不安的等待中，这名员工最终收到了马化腾发来的内部邮件，发出的时间是凌晨三点钟。在邮件中，马化腾问道：“如果我选择点击确定按钮，我可以理解为对方同意，那请问取消按钮是什么意思呢？”

马化腾的提问让这名员工感到一阵恐慌，同时，他也意识到设计的问题所在：不是设置了取消按钮，而是没有表明其意图，也就是在产品细节方面做得不够好。于是，他立马对这个产品作了改进，完善了细节。

事实上，像这样的事例在马化腾身上并不是个案，他就是这么一位紧抓细节的企业家。为了搞清楚一个问题，他能连续抽掉两包烟，也能连续加班加点，比普通员工都拼命。

对产品的痴迷是马化腾始终将自己当成产品经理的最好体现。比如，有一次，在完善 QQ 邮箱功能时，腾讯对 400 多个问题进行了优化，而其中竟然有 300 多个问题都是马化腾发现和提出来的。

即便腾讯有了今时今日的地位和成绩，马化腾也依然说自己在“工作方面没有太大的分别，始终是产品经理的角色”。的确，假如马化腾不把自己当成产品经理，不去抓产品的细节，那腾讯很可能就不会成为现在这样庞大无匹的互联网帝国，而马化腾本人或许也不会取得这般巨大的成功。可以说，“互联网首席产品经理”这个称呼，对马化腾来说是实至名归。

从管理学角度上来看，马化腾的表现似乎不算合格的企业家，但经营互联网公司与其他行业是不一样的，管理者定位也不同，必须始终身处第一线，体验用户的心理和真正需求，围绕用户，将产品和服务做到极致。

马化腾对产品经理的看重也提醒了很多互联网企业的管理者：互联网行业与传统行业存在巨大的区别，它时刻都是处在变化中的，因此，管理者不能当甩手掌柜，也不能只关注管理好员工，还要在技术上亲力亲为，在产品打造上下功夫，否则，等待公司的可能就是被淘汰的下场。

## 慈善家

在做好企业的同时，马化腾也从未忘记作为一位合格企业家的社会责任，他一直关注着社会上需要帮助的那些人和事，而且很早就已经投身到公益慈善事业中。

虽然为人低调，但在慈善事业上，马化腾向来是亲力亲为，毫不含糊。在用科技造福社会的同时，马化腾也一直在用慈善回馈社会。

“财富其实并没有一个固定的含义，它取决于你对它的态度。我更注重的是我能借助财富做成什么样的事情。我个人的理解，成功应该是以给社会带来的多大价值为标准。”这是马化腾对成功的定义，也是他投身慈善公益事业的初心。

在公益慈善事业上，马化腾认为，西方企业界有着悠久历史和丰富的经验，在现阶段也有很多榜样，是值得中国企业家好好学习的。马化腾还以库克、比尔·盖茨和乔布斯举例，苹果 CEO 库克早就向外界宣布，计划在供养完 10 岁的侄子后“捐出全部财富”，并且成立专业的机构做慈善。“全球慈善代言人”比尔·盖茨在遗嘱中宣布：拿出 98% 的财产捐赠给自己的基金会。就连因为一直不给慈善机构捐款而遭受非议的乔布斯，在其去世后，也被曝出在一家机构匿名进行了 20 年的慈善捐款活动，捐出了大量资金。

马化腾指出，这些外国企业家的慈善经验都值得借鉴。不过，马化腾同时也认为，中国企业家的慈善事业也有自己的特色。比如腾讯，十多年来，结合互联网技术，通过“互联网 + 公益”，走出了一条属于自己的路！

2016 年 9 月，在香港参加国际慈善论坛时，马化腾对外透露，“腾讯希望每年拿出 1%~2% 的利润投入公益，同时，通过互联网平台的影响力和各种技术手段，促成更多公益活动，并使之更为透明，更加融入普通人的日常生活。”

在谈到新技术用于慈善公益时，马化腾表示：“以前，基金会网络捐助 90% 通过电脑完成，现在则 90% 用手机完成，这 90% 中又有 80% 是利用社交化方式做公益，并通过人际传播，让更多人参与其中。”

在这次论坛上，马化腾还提到，腾讯一直在尝试通过技术创新来做公益。比如，微信中有一个关于运动的设置，用户每天走的步数超过 1 万步后就可以捐出去，有赞助商将步数配捐成一定金额，然后捐到你想要支持的公益项目上。再如，通过微信录音，爱心网友可以为盲人录制一本有声读物；通过 QQ 全城助力发布信息寻找丢失的儿童等。

中国慈善公益事业的规模正在迅速扩大，已经超过 1000 亿元的规模，越来越多的企业家甚至普通人纷纷参与其中。但在马化腾看来，中国慈善公益事业的发展才刚刚开始，长远来看，除向西方学习并发展自身特色外，最核心的问题还是人才。正如他所说，“中国慈善公益人才实在太缺了，特别是懂得来龙去脉的这些人才更加难找，也非常稀缺”。

马化腾认为，公益慈善事业是一个非常综合的问题，是一个社会财富和资源再分配的过程，这个过程需要牵扯社会、政府、企业、个人多个方面，也涉及理念、人才以及政策等，需要全社会各个方面共同努力。马化腾表示，“我在十年的公益实践和探索中，日益感到需要一个更长远、更高效的系统规划和架构，以善用财富回馈社会”。同时，他还表示：“通过专业团队提升公益活动的管理效率，我本人也可以把更多精力投入到腾讯的战略、产品体验，以及更长远的公益规划上。”

无疑，中国的慈善公益事业还有很长的路要走。但是，令人鼓舞的是，在马化腾这样优秀企业家的带动下，已经有越来越多的企业和企业家站出来。相信在未来，中国的慈善公益事业必定会更加完善，进而发扬光大。

## “朋友圈”里的马化腾

如今，微信已经成为中国第一社交网络，朋友圈也成为许多人展示自我兼了解朋友的重要平台。那么，作为微信的幕后老板，马化腾在朋友圈中又有着什么样的表现呢？其实，与低调内敛、温文尔雅、彬彬有礼的外在形象相比，微信朋友圈里的马化腾还是有一定反差的，不仅表现相当活跃，言语之间也尽显耿直本色。

2017 年 6 月，马化腾与金沙江创业投资基金合伙人、ofo 小黄车主要投资人朱啸虎在朋友圈的一场“互怼”引起了互联网界的广泛关注。

6 月 19 日，朱啸虎在朋友圈转发了一篇名为《艾瑞：ofo 活跃用户、用户增速远甩摩拜，稳居第一》的文章，并点评该文说“和街头实际数数的感觉基本一致”，这条评论很快引起了马化腾的质疑，并在下面留言称：“从微信支付看摩拜高一倍多。另外智能机和非智能机未来价值和潜力还是有很多不同的。”不仅如此，马化腾还在一条评论骑 ofo 不花钱的留言下回复称："都是白送，因是哑终端，也无法统计。”并告诫朱啸虎“没有必要因为自己投资了而歪曲，如果腾讯投了 ofo 也不会看好这种模式，必须要改。”

在此之后，马化腾又与朱啸虎“撕”了几个回合，他的言辞极为犀利，直击焦点问题，甚至将 ofo 比作“小灵通”，认为其最终会被淘汰。

这样的马化腾，颠覆了公众以往对他的认知，让我们见识到了这位互联网大佬霸气和犀利的一面。

当然，在朋友圈，马化腾不总是这样“怼人”的，面对错误，他也会大方承认，诚恳道歉，并做出改正。

2017 年 12 月，知名 IT 评论人洪波在朋友圈转发了《安全软件火绒对腾讯官方程序进行报毒、自动拦截等处理的解释和说明》一文，同时配文称："一帮认真的、固执的、低情商的家伙做安全产品，谁的面子都不给，你说他们这生意做得下去吗？”

这明显是在批评腾讯，对此，马化腾并没有生气，而是在查明情况后，留言道："自查了，确实是我们团队违规出问题了。已严格要求整改和道歉。”腾讯电脑管家之后也发布声明，称："经核实，近期在对腾讯电脑管家和 QQ 浏览器的推荐中，确实出现了不合理甚至伤害用户体验之处，已于第一时间全部进行下线处理。向广大用户深表歉意，并将对相关责任人进行处罚。”

不难看出，久经“战阵”的马化腾在公关策略的使用上已经相当成熟且高明。从朋友圈回复、道歉到腾讯电脑管家发表声明，无论是马化腾本人还是腾讯，均能直面问题、勇于担责，这就将负面影响降到了最低。

在回复朋友圈的焦点问题时，马化腾的表现可以用“稳、准、狠”来形容。

有一次，资深互联网观察家刘兴亮在朋友圈发了一张马化腾、刘强东、沈亚（唯品会董事长兼 CEO）等人的合影，并配文称："传说江湖有个秘密组织，叫作反阿里联盟。”

没想到，马化腾很快现身，写下了“物极必反”的四字评论。这条评论就可以说是“稳、准、狠”兼具，不仅合理解释了几人聚在一起的原因，还将矛头成功引向阿里，引发更多人思考“阿里到底多极端才让那么多企业联合起来反它”。

在焦点问题之外，从朋友圈日常回复则能看出马化腾其实还是一位人情味儿很浓的企业家。

一个互联网创业者贴了一个小程序的二维码在朋友圈，结果马化腾在下面回复了自己使用这个小程序后的具体感受，并认真地指出了几个 bug 和具体意见，引得朋友圈内的互联网大佬纷纷点赞。

一个投资人在朋友圈发了一张自己孩子在船上钓鱼的图片。马化腾担心地写道：“孩子太轻，小心安全。”尽显男儿柔情。

有一个上市公司 CEO 在朋友圈发文说：“晚上 12 点刚开完会，还是要锻炼，决定跑步回家。”马化腾问：“你是换了衣服再背着背包跑吗？”CEO 回复：“办公室备了衣服，让司机把包送回家。”马化腾于是充满关心地提出建议：“路上的人和车那么多，让司机送你到体育场或者室内跑，会更安全吧？”

朋友圈的马化腾，还有着“不忘初心”的一面。一些对冷门技术话题的回应，显示了他 IT 出身的本色。

比如，一个朋友在朋友圈发问：“《三体》里说，智子锁死了地球科技。我就问，其具体实现机制是什么？是能量场吗？”马化腾回复道：“不是能量场，是智能控制的能微观到基础粒子层面，干扰地球基础科学家的实验结果，而无从进一步发展基础科学。”

通过上述马化腾在朋友圈的表现，我们不难发现其性格中最真实的一面，对其成功之道相信也会有所体悟。在管理一家市值千亿级别的互联网公司的同时，还能做好朋友圈的经营，马化腾的格局之大可见一斑。

# 附　录

# “互联网 +”助力数学中国建设

## ——马化腾在 2018 中国“互联网 +”数字经济峰会上的演讲

各位嘉宾、媒体朋友，大家上午好！

主持人介绍，今天是我们第四次的“互联网 +”峰会，这次是四届以来规模最大的。这次开设了 12 个分论坛，累计超过 6000 人次，可以说比去年我们在杭州的规模又扩大了。这次我们的分论坛还增加了一些新的领域，包括零售、金融和众创空间等。

这次我们选择重庆非常有意义。一方面，重庆这个城市在中国数字化进程中很有代表性，它地处西部，非常有创新活力，我们都期望它能够通过数字化升级，带领西部地区实现“弯道超车”；另一方面，正如刚才杨学山老部长用嘉陵江和长江在这里交汇的比喻，生动、形象地展示了数字化的大趋势，同时也展示了数字工匠精神这样一个新的理念。我也很希望，我们能够成为杨教授口中所说的一个精细的数字工匠，我们希望能够扮演好这样的角色。

大家知道，2015 年中央政府工作报告提出了“互联网 +”，去年又提出了“数字经济”，今年更是提出“数字中国”，可以说数字化进程每年都在向前迈步。

按照我的理解，“互联网+”是手段，数字经济是结果，数字中国和网络强国是目标，它们是一脉相承的。

这个过程也可以用“一纵”“一横”和“一新”来理解。“一纵”,就是“互联网+”与各个垂直行业不断深化融合，发展了数字经济。“一横”，就是数字化进程从经济领域向社会各个领域迅速扩展，包括政务、民生等，从而推进了数字中国的建设。“一新”，是指一纵一横交汇融合带来的创新，它推动着中国经济从高速增长向高质量增长的转变，最终实现从大国走向强国的目标。

今天，我想跟大家分享一下，在中国数字化进程中，腾讯应该希望扮演什么角色、发挥什么作用、实现什么目标。我在这里尝试用“一三五七”这几个数字来展开，那就是：一个目标，三个角色，五个领域，七种工具。

“一个目标”：过去几年，在推进“互联网+”的过程中，腾讯也在不断地思考自己的定位，我们希望有所为，也有所不为。如果我们要做“互联网+”，要+别人或者是让别人+我们，首先我们要先做减法，首先要“互联网-”才能加上别人。

今天我们的目标更加清晰了：我们不是要进入各行各业，取而代之，而是要成为各行各业的“数字化助手”，凭借我们多年积累的技术与能力，助力各行各业实现数字化转型升级。我们的目标是做好助手。

“三个角色”：为了实现这个目标，我们要专注做三件事：连接、工具和生态。因此，腾讯需要扮演好三个角色。

第一个是连接器。我们希望为各行各业进入“数字世界”提供接口，也就是API，做最好、最丰富的接口。

第二个是工具箱。我们希望为各行各业提供最完备的“数字工具箱”，也叫SDK。

第三个是生态共建者。我们希望以开放、协作的理念，提供新型基础设施，与各行各业合作伙伴一起共建数字生态共同体，激发每个参与者进行数字创新。

接下来，我想谈谈“五个领域”。过去两年，我们看到数字中国已经在五个领域扩展和推进：民生政务、生活消费、生产服务、生命健康和生态环保。腾讯希望助力“五生”的数字化转型升级，我们已经做了很多项目，因为时间关系，挑一些与大家分享。

第一个案例是“互联网 + 税务”，也即民生政务。这次来重庆之前，同事跟我讲了这里的一个小故事。去年底，重庆国税有一个“互联网 +”落地项目，就是通过微信公众号实现了“电子税务局”。重庆山区一位养鸡的农民朋友，卖了鸡蛋之后需要开发票，所以他要一大早起来，花几个小时乘车到市里的办税大厅。到了窗口，他才发现材料没带全。按照以前的流程，他只能再回家拿材料，因为路远第二天才能再来。税务局的工作人员让这位农民朋友通过“重庆国税”的微信公众号进行注册、线上认证。刚开始，这位农民朋友还挺抗拒，工作人员花了很长时间劝说，他才勉强同意试试。没想到他一试就尝到了甜头，不但当天就办完了手续，而且以后只需要在家里用微信“刷脸”就可以办税。税务局会通过邮政部门，直接将发票寄到他家里。

这个用微信办税的真实故事很有代表性。过去几年来我们通过“互联网 + 政务民生”、城市服务的探索，正在帮助政府部门逐渐将政务大厅搬到网上，各种缴费、出入境、交通、税务等手续的办理正变得越来越便利，很多时候老百姓办事“只进一扇门”，甚至不用进门，直接在网上完成办理。包括我们正在探索电子证件在微信里的运用，以后我们也许就不用每天把身份证、驾驶证等一大堆证件随时装在身上了。当然，这些便利的背后，其实需要政府部门和我们做大量的工作。比如重庆国税这个“电子税务局”整合了十多个涉税事项，实现“一站式”办理，可以节约老百姓 90% 的办税时间。这后面运用了微信公众号、云计算、大数据、人工智能等技术能力。

所以，未来的趋势就是各地的政府纷纷开启数字化的时间表。比如说我们在广东有一个非常重要的项目叫“数字广东”，这也是今年广东的“一号工程”。

目标是希望打通“数据一盘棋”，而且结合今年的政府机构改革，希望再造整个流程，能够简化对市民、老百姓、企业的政府服务的整个流程和效率。

第二个案例是交通、教育、旅游“一码通”，也即生活消费。去年底我在重庆的长江索道已经体验了用乘车码来搭乘索道。到今年，我们已经在重庆、广州、三亚、郑州、合肥、呼和浩特等近50个城市推出，只需要打开手机微信的二维码扫一下，就可以乘车。乘车码实现了0.2秒的响应速度，脱网情况下也可以扫，“先乘车，后付费”。未来我们还想把乘车码做成“车票”的样子，还将增加像邮票一样的社交性的玩法。另外，如果乘车人身份能够得到很好的识别，未来也许可以用于探索缓解安检的压力。同时乘车人的身份是可以得到实名的认证，对城市的管理包括安检的压力减缓也是非常有好处的。

同样在教育领域，我们在高校也在推动数字校园这样一个解决方案。比如说学生在学校里用手机二维码可以解决宿舍门禁、上课签到、图书馆过闸机、食堂消费等这些场景。现在我们在北京大学等数十所高校已经通过“校园码”来实现了这样的想法。“校园码”的背后，是“微信校园卡”的一整套解决方案，可以把大学里所有的系统全部打通起来。甚至包括上课签到，学生还可以通过手机发弹幕和老师在课堂上进行课件的互动；也包括去图书馆的时候通过手机来选座位。我想到当年我们在读书的时候，经常用一个书本去占位，那这样的日子可以用智能化的方式解决。

在旅游方面，上个月我们和云南省政府发布了“一部手机游云南”的项目。以后大家拿着一部手机，打开APP、小程序或公众号，就可以在云南轻松地旅游。这里有很多创新点，他们也提出了一个很有意思的口号叫作“一码通”，就是大家在云南各地旅游，不用每次去买门票，所有线下支付环节可以“一码通行”。此外，“吃住行游购”五大服务也进行了全面的数字化升级，可以在手机上“一键下单”，“找厕所”“导览”等信息“一网打尽”。这个应用一边连接着千万游客，另一边连接着数百个政府部门和数十万家商家，所以游客在旅游全程可以随时随地“一键投诉”到监管部门，下面每一个商家都有它的信用评级。

第三个案例是智慧零售，也即生活消费。很多合作伙伴注意到腾讯在零售领域的布局，我最近也多次强调过，我们不是自己要做零售，而是希望成为零售业的“数字化助手”。从前几年打通微信支付环节，到目前的“智慧零售解决方案”，实现了线上线下货物销售体系打通、粉丝一体化运营、广告与营销的闭环。例如，最大零售超市沃尔玛开始触电，很多门店用微信小程序可以完成“扫码付”，不需要人工结账。还有永辉超市通过微信小程序可以直接打开线上店铺，在家完成订单，30分钟送达。

去年底，我们和百丽合作开发了智慧门店的升级方案。比如，我们部署了人脸摄像头等传感设备，客流数量、店铺的热点区域在哪里、顾客逛店怎么走，全凭数据。比如，店长可以实时查看每个店员陪同的顾客数量、时间和陪同转化率，有针对性地给员工进行专业指导。

今后，商家还可以通过对消费者购买行为的分析，优化店铺选址、货架陈列，同时LBS（基于位置的服务）广告引流、公众号推送内容、小程序商品及优惠券，也可以实现千人千面。近期，腾讯和步步高合作打造的智慧门店也将落地，大家可以关注步步高这次在峰会带来的精彩案例。未来，相信消费营销环节的数字化，对生产设计环节会产生越来越大的影响。这对于工业互联网和智能制造的发展有深远的意义。

第四个案例是智慧医疗，也即生命健康。我们在医疗领域也做了很多探索。前几年大家普遍感觉去医院挂号、缴费需要排队，我们现在与医院携手，从挂号、支付环节入手，用微信解决患者就诊全流程，节省大家时间。解决了这个问题之后，我们发现，在检验单、药方、医保、商保这些环节还可以打通，所以，我们与社保部门合作，陆续在27个省市推出了“微信社保卡”。根据多个城市的使用经验，医院上线“微信医保支付”后，可为每位患者平均节省40多分钟。

去年，我们将数字技术在医疗领域的应用推进到了诊疗环节。腾讯推出了基于人工智能的医学产品“腾讯觅影”，利用AI医学影像技术助力诊疗环节，覆盖食管癌、肺结节、糖尿病眼底病变等多病种筛查。目前，“腾讯觅影”已经落地100多家三甲医院，帮助医生提升诊断效率和准确率。目前“腾讯觅影”在重庆多家三甲医院已经落地。

与此同时，我们与广西柳州尝试在微信挂号、支付等功能的基础上，实现了全国首例“院外处方流转”服务，院内开处方，院外购药，甚至送药上门。因为处方流转涉及卫健委、医院、药房、药厂等多个环节，这里我们用了区块链技术实现处方不被篡改，我们也在考虑推动这项技术的落地应用。

第五个案例是“互联网+农业”，也就是生产服务，这个案例比较长，就不一一介绍了。总的来说，利用企业微信技术，助力企业在提高效率方面做了很多的工作。

最后我想谈“七种工具”，简单介绍一下数字化工具箱里面有哪些东西。七种工具，也可以叫七种武器，对企业攻克数字堡垒来说，是最好的武器。我会从表到里、从前端到后台，按顺序给大家介绍。

第一，公众号。微信的公众号平台，最早于2012年开始上线，当时我们有个口号，让“再小的个体，也有自己的品牌”。我们希望以“去中心化”的方式，让每一个商家和机构都能直接跟自己的终端消费者建立联系，拥有自己的粉丝和流量。目前，我们公众号体系已经成为各个企业和公共服务机构与用户沟通的重要渠道。

第二，小程序。小程序发展了一年多，越来越完善了。它拓展了公众号达不到的一些功能，可以说是一个非常重要的数字化利器，尤其是目前智慧零售的很多应用都跟小程序关系密切。小程序上线一年来，已经有58万个小程序，覆盖了100万个开发者。可以说小程序已经成为中国编程者非常热门的编程环境和语言环境，这就是中国IT行业让人自豪的一个成果。

第三，移动支付。刚才杨教授讲到，移动支付成为中国新四大发明之一。移动支付非常普及，很早的时候，我们就力推用二维码扫码，这项技术看起来不是很高级，但是实际上是最实用的。通过手机摄像头来扫码，我们在2012年就断定，这将成为线上线下连接的重要桥梁。所以，在微信里，大家加好友时，我们有意识地让用户扫二维码来加，所以你们想到二维码扫码，就立刻想用微信右上角扫一扫，这个场景是深入人心的。

第四，社交广告。过去，大部分的品牌商家都是用传统的方式做营销，递推、发传单、投放传统的户外报告等，这个效率不高，很多钱都浪费掉了。未来，我们希望用数字化的方式打通线上线下，进行一体化的营销。我们社交广告的效果也越来越得到大家的认可，所以目前我们开始将朋友圈、公众号和小程序的广告互相打通，环环相扣。包括在智慧零售这些案例里面，我们已经开始尝试如何利用社交广告带来互动，看如何产生价值。这一块是新事物，我们也在摸索，也希望和在座的合作伙伴一起加速它的发展。

第五，企业微信。微信和QQ都在开发企业级的运用，目前我们正在内测，让企业微信和大家正在用的公开微信互联互通。这个难度还是比较大的，比如说零售售货员，或者是你的同事，你跟客户沟通是用自己个人的微信来建立关系链。但是员工离开之后，那企业所有顾客关系网络就给带走了，而且很多信息是流传不下来的。现在可以通过互联互通打通，可以把它的效率大大提升，而且非常方便。

第六，大数据、云计算、人工智能。我就不详细展开了。我也曾经说过，未来各行各业其实就是在云端用人工智能处理大数据。

第七，安全能力。企业和政府进行数字化转型，经常问的问题是安不安全。以前网络上，大家虽然孤立，但是感觉不互联互通，还是安全的。但是，要用到数据，大家担心上了云、上了网之后，这个数据如何保证安全——这个也是腾讯特别重视的，我们内部有7个安全实验室，在不同的领域做了很多研究。

比如上海的安全实验室就发现了特斯拉系统的多个漏洞，帮助特斯拉解决了很多安全隐患，特别是汽车、车联网方面，这个安全隐患更加重要，因为它关系到我们的出行、生命安全。所以，安全永远是腾讯的生命线。

最后，简单小结。中国的实体经济和公共服务机构，正在成为数字化进程中的主角。腾讯希望做好连接器和零配件。我们为大家提供最有效的数字接口和最完备的数字工具箱，成为你们最好的数字化助手。

中国经济正在实现新旧动能的转变，创新非常关键。新一轮全球产业革命就在眼前，我们如何把握数字化变革的机遇，能不能在更多领域和其他公司并跑，甚至领跑？今天，对于重庆和很多西部城市来说，我们如何把握这个机遇，获得和更多东部发达城市并跑甚至是领跑的机会？

我们相信,数字中国的建设将能加速全球数字化的进程,并为世界提供“中国样本”和“中国方案”。

## 马化腾自述：我的创业史以及给创业者的一点建议

### 创业维艰

我在 1998 年注册了腾讯公司，当时父母都没有想到，他们说：“你这个书呆子还可以去开公司啊。”所以他们建议我找合伙人一起做，可以弥补自身的缺陷。

我对产品比较在行，当时懂计算机的人不太懂通信，懂通信的人不太懂计算机，我刚好在这个跨界中间。张志东绝对是学霸，实践能力、工程能力很强。

陈一丹是政府部门出来的，对政府接待、行政、法律很了解。曾李青长得就像老板，出去别人握手都先跟他握。我的名片只写工程师，不敢写总经理，怕人家觉得你们公司玄乎了。

当时在深圳，像腾讯这样的公司有上百家。我们的主要业务是为深圳电信、深圳联通和一些寻呼台做项目，副产品是QQ。QQ最早的名字叫“网络寻呼机”，最早的图标就是一个“BP机”。我们开发出来这个产品是想卖给别的运营商，可是价格一直谈不拢。

产品在自己的手上，用户又疯涨，运营QQ所需的投入越来越大，没钱买服务器，这逼得我们很早就要想怎么有造血的能力。我们夜以继日地接一些琐碎活儿，为的是能够赚到一点点钱，用来养活QQ，比如我们要向通讯局交服务器托管费等。

此外，我当时也四处去筹钱。找银行，银行说没听说过凭“注册用户数量”可以办抵押贷款的；与国内投资商谈，对方关心的大多是腾讯有多少台电脑和其他固定资产。1999年下半年，我拿着改了6个版本、20多页的商业计划书开始寻找国外风险投资，最后碰到了IDG和盈科数码，他们给了我们220万美元。有了这笔资金，公司就买了20万兆的IBM服务器，那时放在桌上，心里别提有多美了。

2001年，前几名的互联网公司都上市赚钱了，QQ注册用户已经达到2亿人，但缺乏现成的收费渠道，我们心里也很着急。这时候中国移动推出的“移动梦网”改变了我们的生存状态。我想到通过与运营商走“二八”分账的协议实现业务增长（运营商20%，腾讯80%），2002年，移动QQ占到腾讯公司整体业务收入的70%。

之后我们继续以较低的成本开展新业务，并且在新业务和功能方面，通过即时通信增加客户黏性，而不是分散精力，因为这是我们和其他国外工具竞争的筹码。